Herausgeber:	Polyglott-Redaktion
Autor:	Robert Möginger
Lektorat:	Gertraud M. Trox
Bildredaktion:	Nicole Häusler
Art Direction:	Illustration & Graphik Forster GmbH, Hamburg
Karten und Pläne:	Gundula Hövelmann
Titeldesign-Konzept:	V. Barl
Realisation:	Studio Wolf Brannasky

Wir danken den Fremdenverkehrsämtern der Inseln sowie den Fluggesellschaften Condor, BWIA und Fly BVI für die uns bereitwillig gewährte Unterstützung.

Ergänzende Anregungen, für die wir jederzeit dankbar sind,
bitten wir zu richten an:
Polyglott-Verlag, Redaktion, Postfach 40 11 20, D-80711 München,
E-Mail: redaktion@polyglott.de oder PolyRed@AOL.com.

**Surfen online mit Polyglott: http://www.polyglott.de
und bei AOL unter dem Kennwort „Polyglott".**

Alle Angaben wurden sorgfältig geprüft. Dennoch kann keine Gewähr für Vollständigkeit und Richtigkeit übernommen werden.

Zeichenerklärung

❶	Information	
◔	Öffnungszeiten	
☏	Telefonnummer	
🖷	Faxnummer	
✈	Flugverbindungen	
🚌	Busverbindungen	
🚢	Schiffsverbindungen	
△	Campingplatz	
Ⓗ	Hotel (Doppelzimmer)	
$⑤⟩⟩	ab 150 US $	
$⑤⟩	70–150 US $	
$⑤	bis 70 US $	
Ⓡ	Restaurant	
	Menü ohne Getränke	
$⑤⟩⟩	ab 40 US $	
$⑤⟩	20–40 US $	
$⑤	unter 20 US $	

Routenpläne

— ① — Route mit Routenziffer
Autobahn, Schnellstraße
sonstige Straßen, Wege
Staatsgrenze, Landesgrenze
National-, Naturparksgrenze

Stadtpläne

Durchgangsstraße
sonstige Straßen
Fußgängerzone
Fußweg

Komplett aktualisierte Auflage 1998/99

Redaktionsschluß: Januar 1998
© 1995 by Polyglott-Verlag Dr. Bolte KG, München
Printed in Germany / III.
Gedruckt auf chlorfrei gebleichtem Papier
ISBN 3-493-62819-6

Polyglott-Reiseführer

Karibische Inseln

Jamaika · Puerto Rico
Kleine Antillen

Robert Möginger

Polyglott-Verlag München

Allgemeines

Editorial .... S. 7
Jede Insel eine Welt .... S. 8
Geschichte im Überblick .... S. 16
Kultur gestern und heute .... S. 18
Geschichte zum Schmecken .... S. 20
Unterkunft .... S. 22
Urlaub aktiv .... S. 24
Reisewege und Verkehrsmittel .... S. 26
Praktische Hinweise von A–Z .... S. 94
Register .... S. 96
Bildnachweis .... S. 96

Inseln

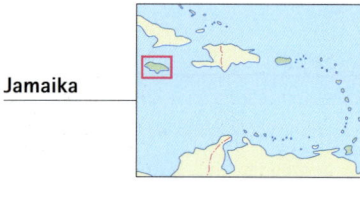

Jamaika

Positive Vibrations, schwarzer Stolz S. 28

Abseits der Traumstrände verlockt Jamaika, der Geschichte von Rum, Reggae und Rastafaris nachzuspüren.

Puerto Rico

Fast food mit Salsa S. 38

Ob in San Juan, an der Luquillo Beach oder im indianischen Caguana: Puerto Rico vereint Kultur- und Naturelemente Nord- und Südamerikas.

Virgin Islands

Jungfern mit sonnigem Gemüt S. 46

Eine Vielzahl von Kolonialmächten hinterließ ihre Spuren auf den Inselchen, die heute ideale Ziele zum Entspannen, Segeln und Einkaufen sind.

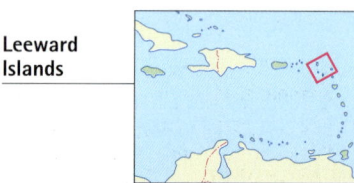

Leeward Islands

Die kleinen Perlen S. 52

Anguilla, St. Maarten, St-Barts, Saba, Statia, St. Kitts and Nevis, Montserrat: Jedes dieser Eilande zeigt bei näherem Hinsehen Charakter und Eigenleben.

**Antigua
Barbuda**

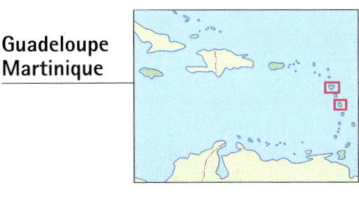

Wieviele Strände hat das Jahr?   S. 60

Neben feinsten Badeplätzen bietet
Antigua einen Hauch kolonialer
Atmosphäre in English Harbour, wo
einst Nelsons Flotte ankerte.

**Guadeloupe
Martinique**

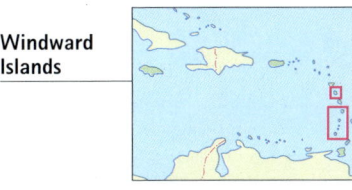

La vie en rose auf karibisch   S. 64

Vor dem Hintergrund einer bezau-
bernden tropischen Landschaft erhalten hier Küche und Lebensart der
„Grande Nation" eine karibische Note.

**Windward
Islands**

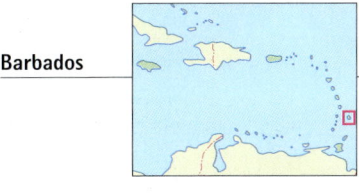

Winzlinge mit Charakter   S. 70

Dominica, St. Lucia, St. Vincent, Grenada und die Grenadinen: Eine Reise
zu den letzten Kariben, durch Bergre-
genwälder und Gewürzplantagen.

Barbados

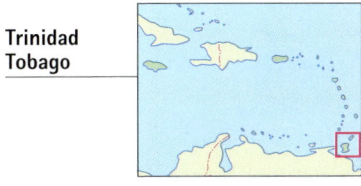

Zuckerrohr und weißer Sand   S. 80

Ein ausgeglichenes Sonnenklima,
strahlend weiße Strände, alte Plantagenhäuser, grenzenlose Sport- und
Unterhaltungsmöglichkeiten …

**Trinidad
Tobago**

Das ungleiche Paar   S. 86

Der Calypso gibt Trinidad Schwung,
das bunte Völkergemisch die kosmopolitische Atmosphäre. Tobago dagegen pflegt seine geruhsame Idylle.

ABC-Inseln

Klein-Holland mit
Sonnengarantie   S. 90

Surfen, tauchen oder die Kugel im
Kasino rollen lassen – Aruba, Curaçao
und Bonaire ermöglichen alles.

Fremde Kulturen kennenlernen und gastfreundlichen Menschen begegnen – wie sehr genießen wir das auf Reisen. Zu Hause bei uns jedoch wird mancher Ausländer von einer kleinen Minderheit beschimpft, bedroht und sogar mißhandelt. Alle, die in fremden Ländern Gastrecht genossen haben, tragen hier besondere Verantwortung. Deshalb: Lassen Sie es nicht zu, daß Ausländer diffamiert und angegriffen werden. Lassen Sie uns gemeinsam für die Würde des Menschen einstehen.

Verlagsleitung und Mitarbeiter des Polyglott-Verlages

Editorial

Der Himmel über der Karibik steht in Flammen, wenn die Sonne unter dem Horizont versinkt. Früh und rasend schnell bricht tropische Nacht herein. Noch immer fühlt die Luft sich mild und schwer an, es duftet nach Meer und Gewürzen. Gerade als die Strandbar zum *sundowner* bittet, setzt das Konzert der Baumfrösche und Zikaden ein. Vom Grandhotel trägt der Passat ein paar Takte Tanzmusik herüber ... Wo enden die Klischees, wo beginnt die Realität?

Seit Kolumbus träumen Europäer vom Paradies jenseits des Ozeans. Für ihren Traum gingen die Kolonisatoren über die Leichen indianischer Ureinwohner und afrikanischer Sklaven. Die Eroberer formten sich Westindien nach dem Abbild der Heimat und trugen in der Neuen Welt ihre alten Kriege aus. Nur langsam treten die jungen Staaten nun aus dem dunklen Schatten der Geschichte. Noch behindern wirtschaftliche Abhängigkeiten, kulturelle Orientierungslosigkeit und ungerechte Sozialstrukturen vielerorts die Entwicklung.

Selbstbewußt und optimistisch nehmen die Antillaner dennoch ihre Zukunft in die eigenen Hände. Mit bewundernswerter Gelassenheit meistern sie den Alltag; Einflüsse unterschiedlichster Art finden in der kreolischen Gesellschaft fast spielerisch zusammen: Afrikanischer Geisterglaube, britische Leidenschaft fürKricket und Five O'Clock Tea, CNN und Miami Vice flimmern via Satellit über jede Mattscheibe - „anything goes" scheint das Prinzip zu heißen, zu dem auch der moderne Tourismus seinen Teil beiträgt. So angenehm das Schwelgen in karibischen Traumbildern auch sein mag, spannender bleibt doch der Blick auf die Wirklichkeit – nicht nur zur *happy hour.*

Der Autor

Robert Möginger (geb. 1964) war nach dem Studium im Management eines Touristikunternehmens tätig. Als freier Autor und Reisejournalist spezialisiert er sich heute auf die Karibik, Lateinamerika und Spanien.

Jede Insel eine Welt

Eine Handvoll lupenreiner Edelsteine, mit elegantem Schwung im weiten Blau des Meeres ausgestreut – so mögen die karibischen Inseln beim flüchtigen Blick auf den Atlas zunächst erscheinen. Erst aus der Nähe beginnen sie bunt zu schillern: Jedes Juwel ein Unikat, unverwechselbar und nie ganz frei von charakteristischen Fehlern. Ohne Beispiel bleibt die Vielfalt auf engstem Raum: Tropische Wälder in Jamaika oder Dominica, Kakteenwüste auf Aruba. Nachkommen afrikanischer Yorouba und kolonialer Haudegen, dazu Glücksritter aus allen Erdteilen. Politischer Einfluß von beiderseits des Atlantiks; Wirtschaft zwischen Zuckerrohr, Tourismus und Hochfinanz. Die Karibik ist ein Kosmos im Kleinen, und ihre Inseln sind wie Welten für sich.

Lage und Landschaft

„Das Mittelmeer Amerikas" – so wird die *Karibische See* bisweilen genannt. Der ausladende, fast 3500 km messende Bogen der *Antillen* von Kuba bis Aruba verbindet die Subkontinente Nord- und Südamerika und schirmt die ruhigeren Gewässer im Westen von den rauhen Wogen des Atlantiks ab. Bezieht man den Begriff „Karibik" üblicherweise nur auf die Inseln selbst, so schließt die Region im weiteren Sinn auch die Küsten der lateinamerikanischen Anrainerstaaten ein.

Um die Vielzahl der Antillen geographisch zu untergliedern, ersannen die Kolonisatoren für die einzelnen Segmente des Inselbogens eine teilweise verwirrende Namensgebung im Seemannsjargon. Zu den *Großen Antillen* (engl. *Greater Antilles*) zählen Kuba, Jamaika, Hispaniola und Puerto Rico.

Die sich südöstlich anschließenden *Kleinen Antillen (Lesser Antilles)* umfassen die Gruppe der *Leeward Islands* (Virgin Islands bis Guadeloupe) sowie die *Windward Islands* (Dominica bis Trinidad). Leeward und Windward Islands bilden miteinander die *Inseln über dem Wind,* während Aruba, Bonaire, Curaçao („ABC-Inseln") und die venezolanischen Eilande als *Inseln unter dem Wind* bekannt sind. Eine eigene geographische Einheit stellen die Bahamas mit den Turks und Caicos Islands dar. Vor allem im englischsprachigen Raum faßt man diesen Archipel häufig mit den Antillen unter dem Begriff *West Indies* (Westindische Inseln) zusammen. Dieser geht noch auf Kolumbus' irrige Annahme zurück, die Inseln seien ein Teil Indiens.

Viele Inseln haben einen ausgesprochen gebirgigen Charakter. Geologen sehen in den bis über 2500 m hohen Gipfeln der Großen Antillen Überbleibsel der versunkenen Karibischen Anden, die vor 50 Mio. Jahren eine durchgehende Landbrücke zwischen Nord- und Südamerika bildeten. Vorwiegend vulkanische Aktivität ließ dagegen die bis 2000 m hohen Berge der Kleinen Antillen aus dem Meer emporwachsen. Aus Korallenkalk bestehen die meisten Inseln der Bahamas, während unter den Antillen nur Barbados, Barbuda und Anguilla diese Struktur aufweisen.

Bezeichnend für die karibischen Landschaften ist ihre Vielfalt. Während die rauhe Atlantikbrandung die Ostküsten stark zerklüftet, säumen Kilometer um Kilometer bildschöne und feinsandige Palmenstrände die geschützten Westküsten. Besonders attraktive Bade- und Tauchplätze findet man dort, wo Korallenbänke (z. B. Barbados, Tobago, Bonaire) im flachen Wasser die typischen Farbschattierungen zwischen Türkis und Tintenblau entstehen lassen. Schluchten und üppig bewachsene Täler prägen das Innere vieler Inseln. Weil das Meer niemals weit ist, ergeben sich von den kurvenreichen Landstraßen immer wieder überraschende und spektakuläre Ausblicke. Zu den Höhepunkten einer Karibikreise zählen Wanderungen durch tropischen Regenwald, vor allem auf den Kleinen Antillen vulkanischen Ursprungs. (z. B. Dominica, Grenada, Saba).

„Davids" Spuren auf Dominica

Klima und Reisezeit

Ein erfreuliches Kapitel: Das Klima auf den Antillen ist tropisch warm und sehr ausgewogen. Die durchschnittlichen **Temperaturen** betragen das ganze Jahr hindurch angenehme 25–30 °C. Auch nachts sinkt das Thermometer kaum unter 20 °C – für viele Besucher Grund genug, Hotels mit Klimaanlage oder Ventilator zu buchen. Die wichtigsten Zutaten in der karibischen Wetterküche sind die atlantischen *Passatwinde* (engl. *trade winds*). Sie bringen in der feuchten Jahreszeit Regenwolken und sorgen

Helikonien: im Urwald zu Hause

Hurrikane: Schatten über dem Paradies

Das karibische Wetter wäre perfekt, gäbe es nicht solch finstere Gestalten wie Hugo, David oder Andrew. Tropische Wirbelstürme, von den Indianern *huracán* genannt und von Meteorologen gerne mit harmlos klingenden Vornamen belegt, stellen während der *Hurricane Season* August bis September eine ständige Bedrohung dar.

Die Stürme entstehen, wenn sich im tropischen Spätsommer der Atlantik an seiner Oberfläche bis auf fast 30 °C aufheizt. Die Luft darüber reichert sich dann mit Wasserdampf an. Die Thermik treibt die Luftmassen in die Höhe, wobei die Feuchtigkeit in bis zu 15 km hohen Wolkentürmen kondensiert. Durch das Temperaturgefälle zwischen den Luftschichten entsteht ein Sog, der immer mehr feuchtheiße Luftmassen in immer rasenderem Tempo spiralförmig nach oben treibt. Der ausgewachsene Hurrikan erreicht einen Durchmesser von bis zu 700 km. Rund um das windstille 20 km große „Auge" des Hurrikans toben Stürme mit Geschwindigkeiten von 300 km pro Stunde.

„David", der 1979 Dominica heimsuchte, hinterließ eine Spur der Verwüstung durch Sturm, Regen und Flutwellen. Die schreckliche Bilanz: 37 Tote und 60 000 Obdachlose. Im Jahr darauf walzte Hurrikan „Allen" alles nieder, was bis dahin mühevoll wiederaufgebaut worden war. Für noch schlimmeren Wirbel sorgten 1988 „Gilbert" auf Jamaika und „Hugo" im September 1989: Er verheerte Montserrat, den Süden Antiguas und St. Croix. Aufhalten kann die Zyklone bislang nichts, das Warnsystem für den karibischen Raum ist jedoch inzwischen gut entwickelt, und es stehen auf allen Inseln Schutzräume *(Hurricane Shelters)* bereit.

während der Mittagshitze mit einer frischen Brise für Kühlung. Den Passatwinden verdanken die Kleinen Antillen auch ihre Einteilung in „Inseln über dem Wind" und „Inseln unter dem Wind" (s. S. 8). Während es auf den nördlichen Antillen fast permanent kräftig bläst, kann auf den Inseln nahe der venezolanischen Küste tagelang Windstille herrschen.

Das für die tropische Klimazone typische Wechselspiel zwischen **Trocken- und Regenzeit** bedingt auf den Inseln eine Unterscheidung in *Haupt-* und *Nebensaison*. Während der Monate November bis April bleibt der Himmel fast ständig strahlend blau. Für die Sonnengarantie muß der Besucher jedoch tiefer in die Tasche greifen. Das Preisniveau erreicht im Dezember und Januar dank der enormen Nachfrage durch amerikanische Gäste absolute Spitzenwerte; Flüge und Hotels sind dann oft ausgebucht. Um bis zu 50 % günstiger und vergleichsweise ruhig gestaltet sich der Aufenthalt in den feuchteren Monaten Mai bis Oktober.

Durch die westindische Regenzeit muß sich niemand von Reiseplänen abhalten lassen. Tagelange Dauergüsse sind selten, meist bricht nach wenigen Stunden wieder die Sonne durch die Wolken; außerdem ist die tropische Dusche stets angenehm temperiert. Nur auf bergigen und dicht bewaldeten Inseln nehmen die Niederschläge manchmal sintflutartige Ausmaße an, so daß man längere Wanderungen besser für die Trockenzeit plant. Ohnehin können sich sportliche Aktivitäten aufgrund erhöhter Luftfeuchtigkeit in den regenreichen Monaten recht anstrengend gestalten. Zum Baden ist aber jede Jahreszeit recht: Die Wassertemperatur an den Küsten fällt niemals unter 20 °C.

Natur und Umwelt

Von einem „Paradies auf Erden" sprach Kolumbus, als er dem spanischen Hof von den Inseln „westlich Indiens" berichtete – immergrüne Regenwälder,

intakte Ökosysteme und nur wenige Bewohner, die weitestgehend im Einklang mit der Natur lebten. Die Europäer änderten dies schnell und gründlich. Zugunsten gewinnträchtiger Monokulturen (vor allem Zuckerrohr) wurde gerodet, bis von den dichten Wäldern bald lediglich schüttere Reste übrig waren. In Naturreservaten und entlegenen Bergregionen im Inneren einiger Inseln (z. B. Guadeloupe, Dominica, Puerto Rico, Jamaika) gewinnt der Besucher trotzdem noch einen Eindruck vom fast vergangenen Reichtum. Typische Regenwaldpflanzen sind beispielsweise die bis zu 50 m hohen Mahagoni- und Kapokbäume, farbenprächtige Ananasgewächse (Bromelien), Orchideen und baumhohe Farnarten. In trockenen Gebieten wie auf den ABC-Inseln bestimmen Kakteen und lichter Buschwald die Vegetation.

Balkongärtner werden auf den Antillen so manches Déjà-vu-Erlebnis haben. Gegen die wuchernde Pracht im tropischen Originalformat wirken die Ableger auf dem heimischen Fensterbrett wie kümmerliche Setzlinge: Hibiskus, Philodendron, Flamingoblume und Roter Ingwer entfalten erst in karibischem Idealklima (vor allem während der Regenzeit) ihre volle Schönheit. Besonders eindrucksvoll sind zwischen April und August die feuerroten Blüten des allgegenwärtigen *Flamboyant* (auch Poinciana; lat. Delonix regia). Dieser Baum mit der weit ausladenden Krone stammt ursprünglich aus Madagaskar. Palmen, unverzichtbarer Hintergrund für jedes Prospektfoto, gedeihen ebenfalls fast überall. Königs- und Kohlpalme sind im karibischen Raum beheimatet, während die Kokosnußlieferanten aus Asien eingebürgert wurden.

Gartenlandschaften ganz anderer Art bilden die **Korallenriffe** des Karibischen Meeres. Aus Kalkablagerungen primitiver Polypenarten entstanden in küstennahen Gewässern über Jahrtausende hin wahre unterseeische Gebirge. Bevölkert werden die bizarren Gebilde in Blumenkohl-, Fächer- oder Pilzform von farbenfrohem Meeresgetier wie Seeanemonen, Schwämmen, Quallen, Krebsen und Schwärmen exotischer Fische. Vielerorts stark gefährdet sind die empfindlichen Korallenbänke durch Wasserverschmutzung und „Sporttaucher", die gedankenlos Anker werfen oder sich Souvenirs aus dem Kalk herausbrechen. Einige Inselregierungen schützen ihre Riffe inzwischen als Unterwasserparks (u. a. Bonaire, Curaçao, Saba, St. Croix, Cayman Islands).

Nicht ganz so variantenreich wie unter Wasser ist die **Fauna an Land.** Nur kleinere Säugetiere wie Hasen, Waschbären oder Fledermäuse sind auf allen Inseln zu Hause. Affen bekommt man selten zu Gesicht, am ehesten noch die Grüne Meerkatze (z. B. auf Barbados). Extrem vielfältig ist hingegen die **Vogelwelt.** Kolibris, und zahlreiche endemische Papageienarten bevölkern besonders die waldreicheren Antillen. In Strandnähe demonstrieren Fregattvögel und Pelikane ihr Geschick bei der Fischjagd. Zum morgendlichen Amüsement von Hotelgästen trägt gerne der spatzengroße, gelb-schwarze Zuckervogel (engl. *Bananaquit*) bei, wenn er sich recht ungeniert aus den Zuckerdosen des Frühstückstisches bedient.

Auch in der Karibik nimmt die Zahl der großen Meeresschildkröten bedrohlich ab, denn zu ihren bevorzugten Eiablageplätzen zählen stille und feinsandige Buchten, an denen Hoteliers nur zu gerne goldene Eier einsammeln würden. Karibische Abendkonzerte dauern oft die ganze Nacht, wobei der pfeifende Baumfrosch (*treefrog;* auf Puerto Rico *coquí*) stets den Ton angibt. Unter den Reptilien fallen die urtümlichen, völlig harmlosen Leguane auf, eine bis 2 m große Art lebt noch in Jamaikas Hellshire Hills. Krokodile kommen nur in den Sümpfen Kubas, Jamaikas und Hispaniolas vor. Wie Miniaturausgaben davon erscheinen Geckos, die man in der Sonne dösend oder abends im Schein der Lampen auf Insektenjagd beobachten kann. Vor Schlangen oder anderem giftigen Getier muß sich nie-

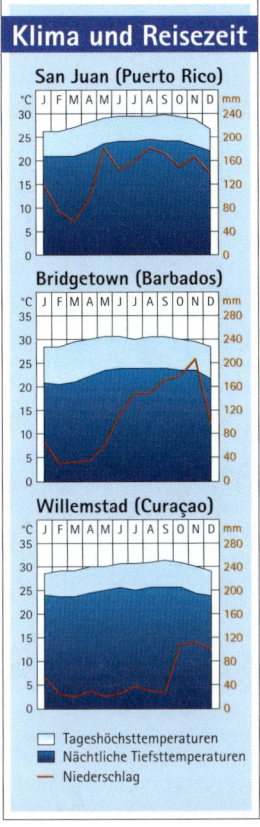

*Trafalgar Falls auf Dominica:
zur Dusche geeignet*

mand fürchten: Nur auf Trinidad und Martinique gibt es einige gefährliche Arten, die aber sehr scheu sind.

Bevölkerung

Nachdem die indianische Urbevölkerung innerhalb kürzester Zeit durch Mord, Sklaverei und Seuchen ausgelöscht war, beschafften sich die Kolonialmächte mit grausamen Methoden neues „Menschenmaterial" auf dem Schwarzen Kontinent: Man schätzt, daß zwischen 1524 und 1880 mehr als 10 Mio. Afrikaner zum Frondienst auf westindische Plantagen verschleppt wurden. Etwa die Hälfte von ihnen starb schon während der Überfahrt unter elenden Bedingungen. Die Nachkommen der Sklaven – von schwarzem bis kaffeebraunem Teint – stellen rund 80 % der antillanischen Bevölkerung. Lediglich in winzigen Reservaten auf Dominica und St. Vincent leben noch einige Hundert Karibenindianer.

Als im 19. Jh. die Sklaverei abgeschafft wurde und in der Folge wieder ein Mangel an Arbeitskräften herrschte, bewegten vor allem Briten und Niederländer Bewohner ihrer asiatischen Kolonien zur Auswanderung in die Karibik. Die meisten Menschen indischer und chinesischer Herkunft leben gegenwärtig auf Trinidad und den ABC-Inseln. Überwiegend spanischstämmig ist die Bevölkerung Puerto Ricos und Kubas; insgesamt sind aber nur rund 8 % aller Insulaner weißhäutig. Im Zeitalter des Tourismus lassen sich immer mehr ältere Nordamerikaner und Europäer in der Karibik nieder. Umgekehrt verschlägt die hohe Arbeitslosigkeit auf vielen Inseln eine große Zahl ihrer Bewohner nach London, Paris, New York oder Miami.

Ebenso ideenreich wie die kreolischen Sprachschöpfungen des *local talk* (s. S. 13) wirken viele religiöse Praktiken. Allein im Telefonbuch von Barbados findet man 39 christliche Kirchen meist protestantischer Ausrichtung: Anglikaner, Adventisten, Baptisten, Methodi-

sten und Nazarener sind nur die bekanntesten. Lautstark und inbrünstig pflegen ihre Prediger in sonntäglichen Andachten um das Seelenheil der Gläubigen zu ringen. Besonders bei der Landbevölkerung sind zudem Volks- und Wunderglauben westafrikanischen Ursprungs weit verbreitet. In geheimen Ritualen werden beispielsweise auf Haiti und Kuba die Geisterkulte des *Voodoo* und *Santería* praktiziert. Die jamaikanische *Rastafari-Bewegung* (s. S. 37) trägt politische wie religiöse Züge. Die größten Hindu- und Moslem-Gemeinden gibt es auf Trinidad, jüdische Gruppen, die früher maßgeblichen Anteil am Zuckerhandel hatten, u. a. auf Curaçao und Barbados.

Der bunten Rassenmixtur zum Trotz kommen kaum ernste Zwistigkeiten zwischen Bevölkerungsgruppen unterschiedlicher Hautfarben vor. Tropisches Klima und das sprichwörtlich sonnige Gemüt der Antillaner können über drängende Probleme sozialer Art jedoch nicht hinwegtäuschen. Gerade auf den größeren Inseln bilden sich in den Randzonen der Städte Elendsviertel *(shanty towns)*. Arbeitslose Landflüchtige, die dort unter erbärmlichen Bedingungen hausen, erhoffen sich meist vergeblich ein besseres Auskommen. Besonders hart ist die Lage der zahlreichen alleinerziehenden Mütter – die nichteheliche Geburtenrate liegt auf vielen Inseln bei 70 %.

Wirtschaft

Was während der Kolonialzeit Zuckerrohr, Kaffee und Baumwolle waren, sind heute Sonne, Strand und Stimmung: Die meisten Karibikstaaten leben vorwiegend vom **Tourismus.** Daß die boomende Ferienindustrie für die jungen Inselnationen nicht nur Vorteile bringt, offenbart sich erst auf den zweiten Blick. Kapitalintensive Vorleistungen (Flughäfen, Straßen, Energie- und Wasserversorgung) erhöhen die ohnehin mächtigen Schuldenberge und steigern die Abhängigkeit von ausländischen Investoren. Die ökologischen Folgen des Fremdenverkehrs trägt alleine das Gastland, der größte Teil der Gewinne aus den Pauschalreisen bleibt bei internationalen Hotelketten und Reiseveranstaltern hängen. Außerdem werden durch die einseitige Förderung touristischer Großprojekte häufig alle anderen Branchen vernachlässigt.

Ebenso stetig wie die Besucherzahlen aus USA und Europa steigen, fallen die *Weltmarktpreise* für traditionelle Plantagenprodukte in den Keller. Weil das Angebot an Zucker und Kaffee die Nachfrage übertrifft, regulieren die Abnehmerländer die Einfuhrmengen. Mit Importquoten zugunsten eigener Gewächse kann beispielsweise die EU über Gedeih und Verderb karibischer und südamerikanischer Bananenpflanzer entscheiden. Generell krankt die **Landwirtschaft** vieler Inseln an überkommenen Strukturen: Die Vielzahl der Kleinbauern kann nur mit einfachsten Mitteln winzige Felder bestellen bzw. nicht die überregionalen Märkte beliefern, während die Großbetriebe dank staatlicher Subventionen und moderner Technik gewinnbringend für den Export produzieren. Typische **Anbauprodukte** sind neben Zuckerrohr, Kaffee und Früchten vor allem Kakao, Maniok, Mais und Bohnen. Viele Lebensmittel werden importiert, da von seiten der Hotelketten sowie der Regierungen kaum Hilfestellung für die lokale Landwirtschaft geleistet wird, um den gesteigerten Bedarf durch den Tourismus als neue Erwerbsquelle zu nutzen (und damit Arbeitsplätze zu erhalten). Im Hotel erhält man deshalb häufig Säfte und Marmelade aus Florida, während einheimische Mangos und Orangen an den Bäumen verfaulen.

Über **Bodenschätze** in erwähnenswertem Umfang verfügen nur die Großen Antillen (Bauxit, Nickel) und Trinidad (Erdöl, Erdgas, Asphalt). Neben der Landwirtschaft wird die Leichtindustrie staatlich gefördert. Textilien, Kunsthandwerk, Leder- und Fischverarbeitung gewinnen örtlich an Bedeutung.

In Sonntagsstaat: Für die Kirche ist nur das Beste gut genug

Yuh speak creole?

Auf vielen Inseln wurde das jeweilige Idiom der Kolonialherren zur Amtssprache erhoben: Englisch, Spanisch, Französisch oder Niederländisch. Akademisch-korrekt kommen die Vokabeln jedoch im Alltag echten Antillanern kaum über die Lippen. Die kreolischen Mischsprachen werden nicht nur häufiger verwendet, sie gelten heute geradezu als Ausdruck kultureller Identität. *Englisch-* und *Französisch-Patois* haben eigenständige grammatikalische Strukturen und einen lebendigen, sich ständig aktualisierenden Wortschatz. Außerdem entwickelten sich unterschiedliche Dialektformen *(local talks)* von Dorf zu Dorf und von Insel zu Insel. Ein besonders beredtes Zeugnis der wirren Siedlungsgeschichte Westindiens legt das *Papiamento* der ABC-Inseln ab: Die melodiös klingende Sprache basiert auf dem Spanischen, trägt aber auch stark niederländische Züge und weist zusätzlich englische, jiddische und indianische Einflüsse auf. Gut für die Touristen: Schulenglisch wird auf fast allen Inseln verstanden.

Rumbrennereien produzieren und exportieren Hochprozentiges (s. S. 21) – teilweise mit beachtlichem Profit. Manche Inseln (BVI, Anguilla, Aruba u. a.) haben sich erfolgreich auf (nicht nur für Laien) undurchsichtige Off-shore-Operationen verlegt. Im Angebot finden sich dort Briefkastenfirmen, Billigflaggen und Nummernkonten zur ungestörten Geldwäsche.

Einige der für Kleinstaaten typischen Probleme (Mangel an eigenen Ressourcen, technischem oder betriebswirtschaftlichem Know-how und Kapital) sollen trotz verbreitetem nationalem Egoismus durch politische Integration und wirtschaftliche Zusammenarbeit gelöst werden. Als wichtigste Organisationen gelten OECS (Organization of Eastern Caribbean States) und vor allem CARICOM, die nach EU-Vorbild einen „gemeinsamen Markt" anstrebt. Manche Politiker möchten in der Zukunft sogar den Kurs der erfolgreichen „kleinen Tigerstaaten" Asiens einschlagen – mit Dienstleistungen, teurem Tourismus, Handel und Hochfinanz.

Staat und Politik

Im Orchester der amerikanischen Staaten schwingen die USA naturgemäß den Taktstock, gefolgt von Kanada sowie den größeren Ländern Lateinamerikas. Vom Zwergenensemble hört man erst, wenn es zu Unruhen und politischen Mißtönen kommt. Von 28 karibischen Einzelstaaten und teilautonomen Dependancen zählen zwei Drittel weniger als 1 Mio. Einwohner, in einigen leben nicht einmal 100 000 Menschen.

Nationale Unabhängigkeit streben längst nicht alle Inseln an: Die Französischen Antillen – Martinique, Guadeloupe, St-Barthélemy, St-Martin – erfreuen sich dank ihres Status als *Département d'Outre-Mer* beständiger Subventionen des Mutterlandes. Vergleichbar ist die Situation der Niederländischen Antillen sowie der US-verwalteten Gebiete. Man genießt weitreichende Autonomierechte und bleibt dennoch gerne unter den beschützenden Fittichen der ehemaligen Kolonialmacht – darüber besteht fast überall Ei-

Codename „Urgent Fury"

Wo harmlose Pauschaltouristen pünktlich zur *happy hour* die Poolbars stürmen, begann am 25. Oktober 1983 das blutige Finale eines absurden Politdramas: 5000 bis an die Zähne bewaffnete US-Marinesoldaten landeten damals an der Grand Anse Bay, um einen unbotmäßigen Zwergstaat in seine Schranken zu weisen. Grenadas sozialistischer Premier Maurice Bishop hatte die bettelarme Insel zuvor in die Blockfreiheit geführt, soziale Reformen erfolgreich durchgesetzt und mehr wirtschaftliche Autonomie geplant. Praktische Entwicklungshilfe, z. B. beim Bau des Flughafens Point Salines, leistete dabei Fidel Castro. Kein Wunder, daß US-Präsident Ronald Reagan Ungemach witterte: Entstand da nicht ein neuer kommunistischer Brückenkopf im „Hinterhof" der USA? Der ideale Zeitpunkt für die Intervention mit dem Codenamen „Urgent Fury" kam schließlich, als stalinistische Wirrköpfe aus den eigenen Reihen gegen Bishop putschten und ihn erschossen. Bis heute billigen viele Grenadiner den Militärschlag als Racheaktion an den Mördern ihres beliebten Premiers. Das Weiße Haus selbst begründete „Urgent Fury" offiziell mit der angeblichen Gefährdung einiger amerikanischer Gaststudenten. Nach der Invasion, bei der etwa 100 Menschen starben, verstanden es die USA, auf der Insel durch gezielte Wahlkampfhilfe westlich orientierte Politiker zu etablieren. Der Geist eines Gegenmodelles existiert seither nur noch auf buntbedruckten T-Shirts: *Maurice Bishop – his spirit lives on.*

nigkeit. Während derzeit Aruba die baldige Selbständigkeit plant, stimmten auf Puerto Rico und den Französischen Antillen bislang immer wieder deutliche Mehrheiten für die Beibehaltung des gewohnten Zustands.

Anders verlief die Entwicklung auf den britisch regierten Inseln. Die meisten sind heute unabhängige Staaten innerhalb des *British Commonwealth*. Als erstes konnten Jamaika 1962, zuletzt St. Kitts and Nevis 1983 die Selbständigkeit proklamieren. Von Großbritannien übernahmen die jungen Nationen das System der parlamentarischen Monarchie (mit Königin Elisabeth II. als Staatsoberhaupt). Einige charismatische Premierminister der ersten Stunde machten sich durch ihr selbstbewußtes Auftreten sogar in Europa einen Namen, darunter Jamaikas „Chief" Alexander Bustamante, Dr. Eric Williams auf Trinidad und Grantley Adams auf Barbados.

In den 70er Jahren befürchteten die USA und der Westen aufgrund kurzfristiger Erfolge sozialistischer Parteien u. a. auf Jamaika, Grenada und Dominica eine „Kubanisierung" der Region. Mit der militärischen Intervention *Urgent Fury* auf Grenada 1983 erstickten US-Truppen alle revolutionären Energien. Wie groß das Interesse Nordamerikas für die Karibik noch immer ist, belegte erst 1994 das Engagement für Haitis exilierten Präsidenten Aristide. Allgemein überwiegen auf den Antillen gegenwärtig demokratisch regierte, marktwirtschaftlich-konservative Systeme. Die Parlamente ähneln in ihren Befugnissen häufig europäischen Gemeinderäten. Die faktische Regierungsmacht übt eine Gruppe von Technokraten und Spitzenbeamten aus, von denen viele Eliteuniversitäten in Europa und den USA besuchten. Korruption und Vetternwirtschaft sind auf allen Inseln eine weitverbreitete Plage.

Karibische Bananen unterwegs nach Übersee

Inselmärkte – unverzichtbar für Einkauf und Plausch

Kariben und Arawaken

Die indianische Urbevölkerung besiedelte die Inseln von Venezuela aus. Erste Spuren des Fischervolkes der *Ciboney* gehen auf das 4. Jahrtausend v. Chr. zurück. Später folgten auf dem gleichen Weg die *Arawaken*, die seit dem 1. Jh. n. Chr. Ackerbau betrieben. Kriegerisch veranlagt sollen die *Kariben* gewesen sein, die aus dem Delta des Orinoco stammten und die Arawaken von den Kleinen auf die Großen Antillen vertrieben. Bis zu ihrer fast vollständigen Ausrottung kämpften die Kariben gegen noch wesentlich geübtere Aggressoren – die Europäer.

Entdecker und Eroberer

1492 Christoph Kolumbus, der sich auf dem Seeweg nach Indien wähnt, erreicht am 12. Oktober die Bahama-Insel Guanahani (heute: San Salvador). Auf Kuba schickt er Boten aus, um den „Kaiser von China" zu finden.

1493–1496 Auf seiner zweiten Reise entdeckt Kolumbus u. a. die Virgin Islands, Dominica, Puerto Rico und Jamaika. 1496 wird Santo Domingo (Hispaniola), die älteste Stadt in der Neuen Welt gegründet.

1499 Alonso de Ojeda und Amerigo Vespucci erkunden die Küste Venezuelas. Nach letzterem benennt der deutsche Kartograph Martin Waldseemüller 1507 den Kontinent: „Amerika".

1524 Die ersten Afrikaner werden auf westindische Inseln verschleppt.

Piraten und Plantagenfürsten

1623 Die europäischen Verteilungskämpfe in der Karibik beginnen und enden erst im späten 18. Jh.: Die Engländer besetzen St. Kitts, zwei Jahre danach Barbados. Die Spanier verlieren an Boden.

1634 Der Niederländer Peter Stuyvesant, späterer Begründer New Yorks, erobert Curaçao.

1635 Die Franzosen besetzen Guadeloupe und Martinique.

1655 Spanien verliert Jamaika an die englischen Eroberer.

1671 Dänemark besetzt St. Thomas (USVI).

Bis 1800 wechseln viele Inseln mehrfach den Besitzer. Freibeuter plündern Städte und Schiffe. Die Inseln werden von einer Pflanzerelite beherrscht.

Freischaffende Halsabschneider

Heldenmütig und edel wie Errol Flynn, immer lustig und fidel wie Burt Lancaster – so sehen erfolgreiche Hollywood-Piraten aus. Zu einigem Ruhm brachten es die Originale zwar auch, mit den sympathischen Teufelskerlen aus dem Mantel-und-Degen-Kino hatten jene aber nichts gemein. Zwei der bekanntesten Piraten waren die Vettern Francis Drake und John Hawkins. Ihre Karriere begannen sie an Bord eines Sklavenkahns in Westafrika. Als Freiberufler in Sachen Mord und Totschlag traten sie 1570 in Erscheinung: Von der englischen Königin bevollmächtigt, überfielen sie in der damals noch spanischen Karibik Frachtschiffe und Küstenstädte des Erzfeindes. Ihre Verdienste trugen beiden den Adelstitel „Sir" ein. Ein Jahrhundert danach gründeten andere Bukanier feste Niederlassungen. Auf Tortuga (bei Haiti) hatte die „Bruderschaft der Küste" ihren Sitz. „Kielholen" und „Über-die-Klinge-springen-lassen", zwei branchentypische Bräuche, soll eines ihrer Mitglieder, der Franzose Francis L'Olonais (1630 bis 1671), entwickelt haben. Piratennester verbargen sich auch im weiten Baha-

Sklavenschinder – Freiheitshelden

1803 Die Sklaven Haitis erkämpfen sich unter Toussaint Louverture die nationale Selbständigkeit.

Um 1820 brechen überall Sklaven aufstände aus. Die Kolonialherren reagieren mit äußerster Brutalität.

1834 Das britische Parlament verbietet die Sklaverei mit dem *Emancipation Act*. Die Franzosen schaffen sie 1848, die Niederländer 1863 und die Spanier 1886 ab.

1898 Mit Hilfe der Vereinigten Staaten befreien sich die Kubaner von der spanischen Herrschaft. Kuba wird ein Satellitenstaat der USA, die im selben Jahr Puerto Rico besetzen und die Karibik gemäß der *Monroe-Doktrin* zu ihrer Einflußzone erklären.

Urlauber und kalte Krieger

1914 Eröffnung des Panamakanals; die Karibik gewinnt an Bedeutung.

1917 Die USA kaufen Dänemark für 25 Mio. US $ die Virgin Islands ab.

1938–1945 Im Zweiten Weltkrieg kreuzen deutsche U-Boote in karibischen Gewässern.

1946–1956 Tourismusboom. Quartierten sich zuvor fast ausschließlich englische Reisende ein, entdecken nun Nordamerikaner die Karibik.

1959 Fidel Castro gründet auf Kuba den ersten sozialistischen Staat der westlichen Hemisphäre.

1962 „Kuba-Krise": Wegen der Stationierung sowjetischer Raketen auf Kuba und einem Ultimatum von US-Präsident John F. Kennedy gerät die Welt an den Rand eines Atomkrieges.

1962–1983 Die meisten Inseln werden unabhängige Staaten.

1973 Gründung der CARICOM, der „Karibischen Gemeinschaft".

1983 US-Präsident R. Reagan läßt Grenada von US-Marines besetzen.

1992 Die 500-Jahr-Feiern der „Entdeckung" Amerikas stoßen bei Menschenrechtlern auf Kritik.

1994/95 Kuba: Proteste gegen Castro. Tausende von Kubanern flüchten auf seeuntüchtigen Booten nach Florida.

1997 Die CARICOM beschließt die Einführung eines gemeinsamen Marktes im Jahr 2000.

---

mas-Archipel und auf Jamaika. Dort schwang der notorische Henry Morgan in seinem Hauptquartier Port Royal den Säbel. Selbst Frauen wagten in Männerkleidung den Schritt in die freibeuterische Selbständigkeit: Ihr wahres Geschlecht offenbarten Anne Bonney und Mary Read ihren Opfern angeblich erst kurz vor dem tödlichen Schwerthieb. Um standesgemäße Abschiedsworte war Anne Bonney ohnehin nicht verlegen. Ihrem Exliebhaber Calico Jack soll sie anläßlich dessen Hinrichtung zugerufen haben: „Hättest du wie ein Mann gekämpft, müßtest du jetzt nicht sterben wie ein Hund!"

Die Eroberer wollten die Kariben christianisieren

Kultur gestern und heute

Architektur

Mit einem genial einfachen Patent haben sich die Ureinwohner selbst ihr „Denkmal" gesetzt: Sogar in Luxushotels baumelt heute die *hamaca* (span.-indianisch: Hängematte) als schickes Standardaccessoire in Gärten und auf Terrassen. Typisch spanisch-kolonial ist die Anordnung der Wohnräume um einen begrünten Patio, Zierat aus Gußeisen gelangte via Louisiana (USA) auf Veranden und Balkone der französischen Inseln. Holzdekor am laufenden Meter und viel Liebe zum Detail waren charakteristisch für den englisch-viktorianischen Stil (*gingerbread houses*, „Lebkuchenhäuser"). Der schönste Platz für den Fünfuhrtee im Plantagenstil ist wie ehedem die charakteristische Loggia vor dem Hauseingang (engl. *porch*). Weniger komfortabel waren die Behausungen befreiter Sklaven. Weil die Pflanzer sie jederzeit von ihren angestammten Parzellen vertreiben konnten, bauten sie kleine, mobile Holzbuden auf einem Steinfundament (auf Barbados *chattel houses* genannt). Für Palast und Hütte gleichermaßen gilt die karibische Vorliebe für leuchtende Farben und freundliche Pastelltöne.

Malerei und Volkskunst

Ausgehend von Haiti hat sich in der Karibik die naive Malerei als Kunstform der einfachen Leute durchgesetzt. Spontaneität, Freude an kräftiger Farbe und volkstümliche Themen sind ihre herausragenden Kennzeichen. Nicht nur Leinwände, auch nackte Betonmauern werden mit populären Gemälden verziert. Ein häufiges Motiv ist der gekrönte Löwe von Juda vor der rotgrüngoldenen Nationalflagge Äthio-piens – Symbole der Rastafari-Bewegung (s. S. 37). Auf Puerto Rico finden bunte Tiermasken aus Holz oder Kokosnuß sowie kleine Engels- und Heiligenfiguren *(santos)* weite Verbreitung.

Literatur

Die Chroniken der Geistlichen *Bartolomé de Las Casas* (1474–1566, „Bericht von der Verwüstung der Westindischen Länder", Frankfurt/M. 1981) und *Jean-Baptiste Labat* (1663–1738, „Pater Labats Sklavenbericht", Stuttgart 1984) sind authentische Dokumente der Sklavenzeit. Erst im 20. Jh. entwickelten einheimische Autoren Selbstbewußtsein. Einer der wichtigsten Vertreter der sog. *Négritude* war *Frantz O. Fanon* aus Martinique (1925 bis 1961, „Schwarze Haut, weiße Masken"). Wie er forderten viele seiner Zeitgenossen die Hinwendung zu afrikanischen Wurzeln. *Jean Rhys* Hauptwerk „Sargassomeer" (verfilmt 1992) beschäftigt sich mit der Identitätssuche in ihrer Heimat Dominica und im Exil. Weltweit bekannt wurde der Romancier *V. S. Naipaul* (Trinidad, geb. 1932), z. B. mit „Ein Haus für Mr. Biswas" (s. S. 88). Als bedeutendster Lyriker erhielt *Derek Walcott* (St. Lucia, geb. 1930, „Omeros", 1990; dt. 1995) den Nobelpreis 1992.

Musik und Tanz

Calypso. Improvisierte Spottlieder aus Westafrika *(kaisos)* entwickelten die Sklaven Trinidads nach ihrer Befreiung zu Satiren auf die Pflanzerelite. In den Elendsvierteln von Port of Spain wurde später auch trotz vieler Verbote weitermusiziert; zur Instrumentierung des subversiven Liedgutes verwendete man Flaschen oder Ölfässer. Die perfektionierte Form davon, *steeldrum* oder *pan* genannt, gilt heute als Markenzeichen karibischer Musik schlechthin. In Hotelbars gehört der Steelband-Abend zum guten Ton; das Repertoire umfaßt dort ein Cocktailprogramm von *Yesterday* bis *El Cóndor Pasa*. Authentischen

Calypso mit kritisch-bösen Texten bieten die Karnevals-Combos sowie Alt-Calypsonians wie Lord Kitchener oder The Mighty Sparrow. Die Diskoversion des Calypso heißt *Soca* (*Soul* und *Calypso*) und ist seit den 70er Jahren auf allen Inseln zu Hause.

Limbo. In der Reiseliteratur wird gerne spekuliert, der Tanz unter einer ständig tiefer gelegten Stange hindurch sei ein uralter afrikanischer Trance-Ritus. Fest steht jedoch, daß derlei Showakrobatik außerhalb von Hotels nicht stattfindet!

Reggae. Der schleppende, baßlastige Beat aus Jamaika wurde in den 70er Jahren dank einiger Stars wie Bob Marley & The Wailers zum Inbegriff afrokaribischer Musik. Wie die Plattenindustrie den Boom in harte Dollars ummünzte, zeigt der Film „The Harder They Come" (1973) mit Jimmy Cliff. Ursprünglich stammt Reggae aus den *shanty towns* von Kingston, wo er (auf Ska und Rocksteady basierend) als Ausdruck sozialen Protestes zur Hymne der Rastafari-Bewegung aufstieg. Den Einfluß des Reggae selbst auf die englische Popszene belegen Erfolgsbands wie UB 40 („Red Red Wine"). Auf Jamaika geht die Entwicklung weiter: Ragga nennt sich die modische Fusion aus Hip-Hop und Reggae; seine Stars heißen Shabba Ranks oder Super Cat und gefallen sich in den aggressiven Posen des *Gangsta Rap*.

Salsa. Mit der Geschichte afrokubanischer Musik ließen sich Bücher füllen. Afrikanische Polyrhythmik und spanische Harmonien fanden auf Kuba in idealer Weise zu *rumba, cha-cha, mambo* und *son* zusammen. Vermischt mit Jazzelementen, entwickelte sich daraus die höchst tanzbare *salsa*. In der Karibik zählen zu den Interpreten Tito Puente, Willie Colón oder Cheo Feliciano; live bekommt man gute Bands häufig auf Puerto Rico zu hören.

Bob Marley, der Reggae-Prophet, wäre 1995 fünfzig Jahre alt geworden

Kein Calypso ohne steeldrum

Kühl auch ohne Klimaanlage: das karibische Holzhaus

Veranstaltungskalender

Antigua: Ende April/Anfang Mai – Antigua Sailing Week. Eine der bekanntesten Regatten der Karibik.

Aruba: Mitte Januar bis Aschermittwoch: Karneval mit *Grand Parade* am Faschingssonntag. Jazz and Latin Music Festival im Juni.

Barbados: Mitte Juli bis 1. Mo im August Crop Over Festival, fröhliches Zucker-Erntedankfest (Karneval).

Dominica: Vier Wochen vor Aschermittwoch: Karneval.

Grenada: 1. Januar – New Year Fiesta mit Jachtregatta. Karneval am 2. Wochenende im August.

Guadeloupe, Martinique und St-Martin: Hl. Drei Könige bis Aschermittwoch: Karneval mit Höhepunkt am Faschingsdienstag *(Mardi Gras).*

Jamaika: Jan./Febr. – Reggae Sunsplash Festival (wechselnde Orte); August – Reggae Sumfest (MoBay).

Montserrat: 17. März: St. Patricks Day (irischer Nationalfeiertag).

Puerto Rico: 24. Juni: Hl. Johannes *(San Juan).* Patronatsfest mit Tanz, Musik und Strandpartys.

St. Kitts and Nevis: Karneval vom 26. Dezember bis 2. Januar.

St. Lucia: Karneval am Wochenende vor Aschermittwoch.

St. Vincent: Ende Juni bis 1. Dienstag im Juli *Vincy Mas,* sehr bekannter Karneval.

Trinidad: Neujahr bis Aschermittwoch – der weltweit größte und turbulenteste Karneval. Höhepunkt am Faschingsdienstag. Okt./Nov. – hinduistisches *Divali-*Fest zu Ehren der Göttin Lakshmi.

US Virgin Islands: St. Croix Jazz & Arts Festival im Oktober.

Geschichte zum Schmecken

So vielfältig und bunt wie das Völkergemisch auf den Antillen präsentiert sich auch die kreolische Küche. Den Speiseplan prägen sowohl vorkolumbische Zubereitungsmethoden (aus der Taíno-Sprache: *barbacoa,* „Holzkohlengrill") als auch europäisch-koloniale Einflüsse, afrikanische Zutaten und asiatische Würzmischungen. Zusätzlich bekommt man in Urlaubsorten jeden Gerichtemix zwischen Pizza, Chop-suey und Hot dog geboten. Lokale gehobenen Niveaus pflegen gerne US-Tischsitten – Plätze werden zugewiesen –, man tendiert zu vollmundigen Übertreibungen („... try our world-famous tropical cheeseburger") und raffinierten Kreationen mit gesalzenen Preisen. Preiswerte und bodenständige Inselküche wird meist in Restaurants außerhalb der Touristenzentren aufgetischt.

Typisch für *local food* sind Knollengemüse (Yams, Süßkartoffel, Maniok) und Kochbananen. Überall gibt es Fisch und Meeresfrüchte; Huhn und Schwein sind die populären Fleischsorten. Ein karibisches Menü beginnt häufig mit der spinatgrünen *callaloo soup:* In einer Fleischbrühe werden die würzigen Blätter der Dasheen-Pflanze gekocht, eventuell verfeinert mit Krebsfleisch. Als Hauptgang kommen *dolphin* (Goldmakrele), die Schnecke *conch* (auch *lambi*) oder der Eintopf *pepperpot* in die engere Auswahl, begleitet von Reis, Bohnen, Gemüse oder *fungi,* einem polentaähnlichen Maispüree. Zum Nachtisch empfehlen sich *coconut pie* (Kokoskuchen), frische Ananas oder Papaya. Neben exotischen Rumcocktails werden Fruchtsäfte und eiskaltes Bier *(lager)* der Marken *Banks, Carib* oder *Red Stripe* gereicht.

Einige Inselspezialitäten gelten außerdem als Nationalgerichte. So kommt holländischer Edamer auf den **ABC-Inseln** zu ungewohnten Ehren: Der mit Fleisch, Fisch und Gewürzen gefüllte Laib wird im Rohr gebacken und als sättigender *keshy yená* (von span. *queso relleno*, „gefüllter Käse") serviert. Ganz sicher auch keine Diätspeise ist die indonesische *rijstafel*, die aus wahren Reisgebirgen und opulenten Fleisch- und Gemüsebeigaben besteht. Der *flying fish* (Fliegender Fisch), das Wappentier von **Barbados,** wird dort schon zum Frühstück gerne gegessen. Typisch barbadianisch ist auch *coucou*, eine Variante des *fungi* mit afrikanischen Okraschoten. Die vitaminreiche *breadfruit* (Brotfrucht) brachte einst Kapitän Bligh mit seiner „Bounty" zur Steigerung sklavischer Arbeitskraft aus Tahiti auf die Antillen.

Cashewnüsse reifen an fleischigen, roten Fruchtstielen

Dominica, die Regenwaldinsel, ist bekannt für exzellentes Obst und Gemü-

Rum: Nur zum Mixen fast zu schade

„Zehn Jahre tägliches Training, keine scharf gewürzten Speisen und einen klaren Kopf" empfiehlt der Mount-Gay-Chefbrenner *(master blender)* seinen Besuchern bei der Kostprobe. Tatsächlich wissen echte Rumexperten ihr „flüssiges Gold" so fein zu unterscheiden wie Weinkenner den Rebensaft. Gemeinsam ist allen Rumsorten nur der Grundstoff: jene braune, zähe Melasse, die beim Sieden von Zuckerrohrsaft übrigbleibt. Nach dem Zusatz von Quellwasser und der Gärung entsteht daraus beim Brennen ein hochprozentiges Destillat. Genießbar wird es erst durch monate- oder jahrelange Lagerung in Eichenfässern, in denen der Tropfen den bekannten bernsteinähnlichen Ton annimmt. Farbloser („weißer") Rum ist noch sehr jung oder in Stahlbehältern gereift. Was sonst noch geschieht, bleibt ein Geheimnis des erfahrenen *master blenders*. Er verleiht dem Endprodukt die persönliche Note,

indem er beim Destillieren Aromastoffe (z. B. Vanille, Zimt, Pfirsichblätter u. ä.) zusetzt oder später verschiedene Sorten miteinander kombiniert (engl. *to blend*). Besonders gehaltvoll und edel schmecken die dunkleren, lange gelagerten Sorten (engl. *extra old*, span. *viejo* oder *añejo*). Der größte Rumhersteller der Welt ist die Bacardi Corporation in San Juan/Puerto Rico mit einem Tagesausstoß von 250 000 Litern. Kenner schwören jedoch vielfach auf die Erzeugnisse kleinerer Brennereien: Barrilito (Puerto Rico), Appleton (Jamaika) oder Mount Gay (Barbados). Während Urlaubstrinker bevorzugt fruchtige Rumcocktails wie Daiquirí (z. B. mit Banane, Pfirsich oder Erdbeere), Planter's Punch – verfeinert mit einer Prise gemahlenem Muskat – oder Piña Colada (mit Kokosnußcreme und Ananassaft) schlürfen, lassen ernsthafte Puristen bestenfalls Wasser und Eis an ihr Getränk – zumindest die ersten zehn Jahre lang …

se, z. B. Bananen und Grapefruits. *Crab Stew* nennt sich ein Eintopf aus gekochten Krebsen. Wer *mountain chicken* (wörtl. „Berghuhn") ordert, bekommt nicht etwa Federvieh, sondern die Schenkel von Riesenfröschen kredenzt. **Guadeloupe** und **Martinique** gelten als Lieblingsinseln der Feinschmecker. Zu den Delikatessen zählen dort *homard flambé,* mit Rum flambierter Hummer oder variantenreiche Gerichte mit *Lambi*-Schnecken. Eintöpfe aus Fleisch (z. B. *sans coche*) oder Fisch *(blaff)* sind volkstümlichere Leckereien, die aber inzwischen auch die Haute Cuisine gerne übernimmt.

Typisch für **Jamaika** ist *salt fish and ackee,* Stockfisch mit Gemüse aus der heimischen Ackee-Baumfrucht, die nur in einem bestimmten Reifezustand genießbar ist. Nahrhaft und populär sind Eintöpfe wie das *chicken fricassee,* eingedickt mit Yamswurzeln, Tomaten, Pfefferschoten, Schalotten, Karotten, Gewürzen und Kokosöl. Das preiswerteste Alltagsgericht vieler Jamaikaner besteht, obwohl *rice and peas* („Reis und Erbsen") geheißen, aus Reis- und Kidneybohnen, Zwiebeln, Kokosmilch sowie Kokosöl. Dem *jerk pork* (Schweinefleisch) verleihen eine Kräuterbeize und der Duft der Pimentzweige beim Grillen den besonderen Geschmack.

Auch in **Puerto Rico** schätzt man „Schweinereien", vor allem in Form des gegrillten Spanferkels *(lechón asado).* Genauso populär sind pikant gefüllte Küchlein *(mofongo relleno)* und fritierte Stücke von Kochbananen *(tostones).* *Asopao* ist ein Reiseintopf mit Meeresfrüchten, *pastelillos* heißen würzig gefüllte Teigtaschen. Auf der Vielvölkerinsel **Trinidad** sollte man die hervorragende indische Küche probieren. Von den Einheimischen besonders geschätzte *curries* mit feuriger Note können europäische Zungen allerdings in Brand setzen. Das *roti,* eine indisch pikante Teigtasche mit verschiedenen Füllungen, findet als günstige Zwischenmahlzeit längst auch auf anderen Inseln großen Anklang.

Unterkunft

Nicht nur eine Preisfrage: Wer in der Karibik viel Geld möglichst schnell durchbringen möchte, der wende sich vertrauensvoll an die Rezeption einer beliebigen Nobelherberge. Zimmerpreise von über 1000 DM pro Nacht sind dort in der Hauptsaison keine Seltenheit. Derartig astronomische Tarife müssen aber nicht sein: Wenn auch das Niveau insgesamt recht hoch liegt, gibt es speziell im Sommer auch schon für weniger als 150 DM recht passable Unterkünfte. Und das Flair der Luxusresorts läßt sich schließlich auch beim Fünfuhrtee oder zum Candlelight-Dinner stilvoll genießen ...

Für die Reservierung reicht in der Regel ein Fax unter Angabe einer Kreditkartennummer mit Gültigkeitsdatum. Viele Hotels sind internationalen Buchungszentralen angeschlossen, z. B. Utell International, ☏ 01 80-5 21 26 45. Einige Reiseveranstalter verfügen über Sonderkonditionen und geben teilweise Zimmer ohne Pauschalarrangements ab. Bei der direkten Buchung ist zu beachten, daß zum offiziellen Tarif meist noch lokale Steuern (10–20 %) sowie ein Bedienungsgeld (10 %) addiert werden. EP *(European Plan),* MAP *(Modified American Plan)* und AP *(American Plan)* lauten die Bezeichnungen für Zimmer ohne Verpflegung, Halbpension bzw. Vollpension. Unterkunftslisten verschicken die Verkehrsämter.

Strandhotels sind nicht allein nach dem Preis, sondern ebenso nach Lage und Charakter zu beurteilen: Ruhe und Abgeschiedenheit oder Stadtnähe und Nachtleben? Klimatisierter Komfort mit Satelliten-TV oder tropisches Idyll samt Ventilator und Hängematte? Große Unterschiede bestehen häufig auch im Sportangebot. Vor allem Taucher und Surfer sollten vor der Buchung genaue Informationen einholen.

All-inclusive-Clubs liegen in der Karibik voll im Trend. Der Paketpreis enthält bereits Vollpension und alle Extras von der Morgengymnastik bis zum Schlummertrunk. Manche Clubs konzentrieren sich sogar auf „Couples only" – nur Pärchen ohne Kinder. Einheimische Unternehmen protestieren zunehmend gegen dieses erfolgreiche Konzept zumeist ausländischer Ketten. Während die Gäste kaum mehr vom vorbezahlten Buffet weichen, bleiben kleine Gastronomen und Händler jenseits der Hotelmauern auf der Strecke.

Apartments für Selbstversorger können eine preiswerte Alternative zum Hotel sein. Bei längeren Aufenthalten wird oft Rabatt gewährt.

Villen in einfacher bis edler Ausführung, mit und ohne Personal, vermitteln Makler und Veranstalter. Relativ preiswert ist diese Variante mitunter für Familien und Gruppen. Informationen z. B. bei **Landmark GmbH,** Schildergasse 101a, 50667 Köln, ☎ (02 21) 92 58 98 22, ☎ 2 57 74 66. Zurückhaltung sollte man jedoch bei „Sonderangeboten" örtlicher Immobilien- und Time-Sharing-Vertreter mit aggressiven Verkaufsmethoden üben.

Pensionen und Privatquartiere mit Familienanschluß bieten speziell Alleinreisenden und Urlaubern mit schmalem Budget die Möglichkeit, Land und Leute für relativ wenig Geld kennenzulernen. Durchweg sind solche günstigen *guesthouses* zentral in der Inselhauptstadt gelegen.

Garantiert rezeptfrei: Restaurant in alter Apotheke (San Germán, Puerto Rico)

Plantagenhäuser aus kolonialer Zeit verfügen teilweise über Gästezimmer mit antiker Originalmöblierung, knarrenden Dielen und einer Holzveranda mit Blick über alte Ländereien. Die ehrwürdigen *Estate Houses* findet man bevorzugt abseits der Strände in luftiger Hanglage, z. B. auf Barbados, Jamaika und St. Kitts and Nevis.

Urlaub aktiv

Zu Wasser: Naturgemäß bieten die Inseln allen Wassersportlern ideale Bedingungen. Von *Seglern* besonders geschätzt werden die Ankerplätze vor den *Leeward Islands.* Als ein Treffpunkt der internationalen Jachtgemeinde gilt *English Harbour* (Antigua) nicht nur während der bekannten *Sailing Week* im April/Mai (KH & P, s. u., hat dafür attraktive Angebote für Mitsegler!). Ein recht gemütliches Revier finden maritime Anfänger mit kleineren Booten rund um die *British Virgin Islands:* Die Inseln liegen nur wenige Meilen auseinander, so daß praktisch immer Land in Sicht ist. Zum Anlegen hat man die Auswahl zwischen geschützten und einsamen Buchten oder erstklassigen Jachtklubs. Erfahrene Seebären bevorzugen die navigatorisch anspruchsvolleren Törns zwischen den Windward Islands. Zu den beliebtesten Ausgangspunkten zählt dort die bildschöne Marigot Bay auf St. Lucia, gern frequentiert werden auch die winzigen *Grenadinen* vor St. Vincent.

Wem für die eigene Jacht das nötige Kleingeld fehlt, kann auch Boote mit und ohne Besatzung *(bareboat)* chartern. Zwischen Dezember und März zahlt man für ein Schiff von 30 Fuß Länge 3000 bis 3500 DM pro Woche, während nach Ostern die Preise deutlich fallen. Möglich ist auch der sogenannte Kojencharter, bei dem Einzelpersonen als „Hilfsmatrosen" günstig mitsegeln können.

❶ **Vereinigung Deutscher Yachtcharterunternehmen,** Postfach 25 03 70, 50519 Köln, ☎ (02 21) 31 30 70 (3 DM Rückporto beifügen!). **KH & P Yachtcharter,** Ludwigstr. 112, 70197 Stuttgart, ☎ (07 11) 63 82 82, 🖷 6 36 57 09. **Agentur für Mitsegler,** Kreuzhofstr. 10, 81476 München, ☎ (0 89) 74 57 62 62, 🖷 74 57 62 63.

Weitere aktuelle Charterangebote veröffentlicht die Zeitschrift „Yacht" im Anzeigenteil.

Windsurfer erfreuen sich auf allen Inseln bester „Spots": Der Passat sorgt für rasantes Tempo und die tropische Sonne für angenehme Wassertemperaturen. Als besonders verläßlich gelten die Windstärken (ganzjährig um 5 Beaufort) an der flachen Nordwestküste Arubas bei Fisherman's Hut. Zur Regatta *Hook-In-Hold-On (HI-HO)* treffen sich die Fans alljährlich Ende Juni/Anfang Juli auf den British Virgin Islands. – Bretter guter Qualität verleihen die meisten Strandhotels. Zum Basisprogramm vieler Resorts zählen auch *Wasserski, Parasailing* sowie der Verleih der oft nervtötend lauten *Jetski*-Motorschlitten.

An Land: Dem Trend zum naturnahen Urlaub entsprechen die Tourismusbehörden vieler Inseln durch den Ausbau von *Wanderwegen* im Hinterland. Für Europäer höchst attraktiv sind Routen durch tropischen Regenwald (z. B. Puerto Rico, Dominica, Saba, Grenada). Wo keine markierten Pfade bestehen, organisieren manche örtlichen Veranstalter geführte Touren. Wegen des kreislaufbelastenden Tropenklimas sollte man die kühleren frühen Morgenstunden nutzen. Außerdem verstecken sich die Berggipfel nachmittags meist hinter dicken Wolken.

❶ Bei den örtlichen Verkehrsämtern und Nationalparkbüros.

Mountainbikes oder gewöhnliche Räder können vielerorts gemietet werden. Die Radsportbegeisterung der Franzosen hat sogar Guadeloupe und Martinique erfaßt, und entsprechend gut ist dort das Angebot an Drahteseln. Der Urwald Dominicas läßt sich mit Geländerädern auf alten Transportpfaden der Bananenpflücker erkunden. ❶ **Nature Island Dive,** Dominica, ☎ 449-8181, 🖷 449-8182. Geradezu komfortabel mit Lunch und Transport bergauf gestaltet sich die **„Blue Mountains Bike-Tour"** auf Jamaika (s. S. 32).

Hoch zu Roß kann das Erlebnis der tropischen Natur besonders intensiv sein. Am populärsten ist der Reitsport in Puerto Rico, wo sogar eine eigene Pferderasse gezüchtet wird: der *Paso Fino.* Ausritte und ❶ **Hacienda Carabalí,** Luquillo, ☏ 889-5820, oder **Palmas del Mar,** Equestrian Centre, Humacao, ☏ 852-6000.

Golfplätze – wegen des hohen Wasserbedarfs ökologisch nicht unumstritten – gibt es auf den meisten Antillen. Landschaftlich schön gelegene Greens findet man z. B. auf Jamaika (u. a. von R. Trent Jones), Puerto Rico, Nevis oder Tobago. Auf Barbados warten seit 1996 neben der exklusiven Anlage des Hotels „Sandy Lane" weitere 27 Löcher auf geübte Putter: Der bekannte Golfplatz-Designer Robert Trent Jones Jr. entwarf den brandneuen Kurs des noblen „Royal Westmoreland", St. James, Barbados, ☏ 432-7827, 🖷 422-3021.

Antigua Sailing Week:
Treffpunkt der Hochseesegler

Tiefe Einblicke: Tauchen in der Karibik

Können Sie schwimmen? Sind Sie mindestens 12 Jahre alt? Haben Sie intakte Trommelfelle? Wer dreimal ja sagt, darf tauchen. Nicht zuletzt, weil jeder Anfänger schnell praktischen Zugang zur faszinierenden Tiefe bekommt, erlebt der Sport derzeit einen enormen Boom. Nie übersehen sollte man dennoch, daß der Grundkurs im Hotelpool aus einem Touristen noch keinen Jacques Cousteau macht. Mit dem submarinen Erlebnis sind auch Risiken verbunden, die nur erfahrene Taucher richtig einzuschätzen wissen.

Vor dem Abtauchen steht der Arztbesuch: Noch zu Hause müssen Neulinge sich auf Tauchtauglichkeit untersuchen lassen. Um nicht „die wertvollsten Wochen des Jahres" mit trockener Theorie zu vergeuden, kann man dann den ersten Kurs bereits in Deutschland absolvieren. Seriöse Tauchbasen in den Feriengebieten sind internationalen Verbänden wie PADI, NAUI, oder VIT angeschlossen, deren Kurs-Brevets weltweit akzeptiert werden.

Zu den besten Tauchgründen der Karibik zählen z. B. das Untersee-Reservat von **Saba,** die Riffe der **Virgin Islands** oder im Süden **Puerto Ricos,** die versunkenen Schiffe vor **Sint Eustatius** und vor allem der **** Bonaire Marine Park:** An der Westküste und beim vorgelagerten Klein-Bonaire bieten sich 86 Einstiegsplätze in die fremdartige Welt. Der Taucher schwebt dort durch wahre Gebirge und Wälder aus Korallen, begleitet von Wolken schillernder Fischschwärme. Anfassen ist jedoch tabu – erstens reagiert das Ökosystem der Riffe äußerst sensibel, zweitens können Feuerkorallen und Rochenstiche höllisch schmerzen …

❶ **Verband Deutscher Sporttaucher** (VDST), Mörfelden, ☏ (0 61 05) 96 13 02, 🖷 96 13 45.

Bonaire Marine Park, Fort Oranje, Kralendijk, ☏ 8444, 🖷 8416.

Reisewege und Verkehrsmittel

Anreise

Linienflüge in die Karibik betreiben viele internationale Gesellschaften. Häufig sind dabei auch günstige Inselkombinationen (Gabelflüge) und Zwischenstopps in USA oder Lateinamerika möglich. Direkt ab Frankfurt/M. und Zürich fliegt BWIA u. a. nach Barbados und Trinidad. Zahlreiche andere Umsteigeverbindungen bestehen via Paris, London, Amsterdam oder Miami. Alle Linien bieten über spezialisierte Reisebüros Sonderpreise an, die weit unter den offiziellen IATA-Tarifen liegen. **Chartermaschinen,** z. B. von Condor und LTU, starten ab vielen Flughäfen nach Jamaika, Puerto Rico, Antigua, St. Lucia, Barbados, Curaçao und Aruba. Eine Broschüre zur Überfahrt auf dem **Frachtschiff** ist erhältlich bei: Hamburger Abendblatt First Reisebüro, Große Bleichen 68, 20354 Hamburg, ☎ (0 40) 34 72 49 17, 🖷 35 48 68.

Von Insel zu Insel

Mit dem **Flugzeug** sind problemlos selbst die kleinsten Inseln erreichbar – vorausgesetzt, man hat keine Abneigung gegen Propellermaschinen, denn nicht auf allen Pisten können Großraumjets landen. Wer als „Inselhüpfer" unterwegs sein will, sollte zusammen mit der Langstrecke ein Rundflugticket kaufen.

Über das dichteste Streckennetz verfügt **LIAT** (Spitzname: *Leaves Island Any Time* – „Irgendwann fliegen sie immer"...); mit dem *Airpass,* der nur in Europa erhältlich ist, kostet jede Strecke 80 US $ (Stand 1997). Es ist dringend erforderlich, alle Reservierungen einen Tag vor dem Abflug telefonisch

rückzubestätigen, weil besonders während der Hochsaison kräftig überbucht wird. Gegen die üblichen Verspätungen helfen nur Geduld und guter Lesestoff. Reservierung und Verkauf in Deutschland: Lufthansa, ☎ (01 80) 3 80 38 03, oder in Reisebüros mit IATA-Lizenz.

Eine Variante bietet **BWIA** an; das Netzticket kostet 594 DM und gilt 30 Tage lang für alle karibischen Ziele der Linie. Auskunft: ☎ (0 69) 96 21 64 10, 🖷 61 06 37.

Vor der Abreise ist auf fast allen Inselflughäfen eine **Airport Tax** (ca. 20 DM pro Person) fällig.

Der **Schiffsverkehr** in der Karibik verliert an Bedeutung. Passagierfähren pendeln vor allem zwischen benachbarten Eilanden desselben Staates, z. B. von Grenada nach Carriacou oder von Tortola nach Virgin Gorda (BVI).

Zu moderaten Preisen kreuzt das kombinierte Fracht- und Passagierschiff „MV Windward" zwischen Barbados, St. Lucia, St. Vincent, Trinidad und Venezuela.

❶ Windward Agencies Ltd., Hincks Street, Bridgetown, Barbados, ☎ 431-0449, 🖷 431-0452.

Kreuzfahrten beginnen häufig in Miami (Florida) und San Juan (Puerto Rico). Die Sitten auf den Ozeanriesen haben sich in den letzten Jahren gelockert. Statt gepflegter Langeweile und steifer Kleiderordnung bei *Captain's Dinner* werden Passagiere heute im Fitneßcenter, mit Joggingbahnen, Kochkursen und Video-Workshops bei Laune gehalten. Manche Luxusliner entwickeln sich zu regelrechten Animierdampfern mit Spielkasino und täglicher Cancan-Show. Nur eines hat sich nicht geändert: Für die Landgänge steht jeweils maximal ein voller Tag zur Verfügung. Wer mehr sehen möchte, muß wiederkommen. Viele Veranstalter bieten deshalb Vor- oder Nachprogramme an („Pre-/Post-Cruising").

❶ Im Reisebüro.

Unterwegs auf den Inseln

Bevor man in ein **Taxi** einsteigt, sollte man den Fahrpreis aushandeln. Die Standardtarife lassen sich an der Hotelrezeption oder im Flughafen erfragen. Auf den meisten Inseln verkehren **Kleinbusse** und **Sammeltaxis,** die alle Hauptorte miteinander verbinden. Oft fahren sie erst los, wenn sie voll besetzt sind und halten unterwegs auf Zuruf.

Inselhüpfen, leicht gemacht

Mietwagen werden überall angeboten, auch von kleinen lokalen Vermietern (Büros z. B. an Flughäfen). Es ist ratsam, eine Vollkaskoversicherung *(Collision Damage Waiver – CDW)* abzuschließen. Die Tagespreise für Kleinwagen ohne Kilometerbegrenzung liegen bei 50–70 US $, eine Kreditkarte wird bei der Anmietung vorausgesetzt. Die meisten Inseln verlangen ferner eine nationale Fahrerlaubnis, die man gegen Vorlage des Führerscheins und nach Bezahlung einer Gebühr (ca. 20 DM) erhält.

Gewöhnungsbedürftig:
Bitte links bleiben!

Die Hand an der Hupe

Jah is my light – „Gott ist mein Licht", so lautet die fromme Botschaft auf der Sonnenblende eines Sammeltaxis auf Dominica. In der Gewißheit des höchsten Segens und mit professioneller Rasanz absolvieren karibische Berufsfahrer ihr tägliches Pensum. Sie kennen jedes Schlagloch auswendig, nutzen den letzten Zentimeter des schmalen Asphaltstreifens und haben an jedem Engpaß „serienmäßig" Vorfahrt. Ihr Credo: Warum bremsen, solange die Hupe geht? Zweikämpfe mit entgegenkommenden Minibussen sollte man daher möglichst vermeiden. Defensives Verhalten am Steuer ist überhaupt angebracht. Viele Bergstraßen sind extrem eng und kurvig, der Belag ist oft löchrig. Wer auch entlegenere Ecken erkunden möchte, ist mit einem Geländewagen *(four-wheel-drive)* gut bedient. Für Verwirrung bei Neuankömmlingen sorgt der Linksverkehr auf ehemals oder noch britischen Inseln. Viele Vermieter haben auch linksgesteuerte (japanische) Autos, in denen die Umstellung etwas leichter fällt, beim Überholen jedoch hat man weniger Überblick. Mangels Wegweiser ist die Orientierung unterwegs oft Glückssache. An zweifelhaften Kreuzungen hilft nur Fragen weiter. Recht flexibel und nach Gehör werden die Verkehrsregeln ausgelegt, und alle unübersichtlichen Stellen meistert man möglichst musikalisch – mit einer Hand an der Hupe.

Jamaika

Seite 31

Positive Vibrations, schwarzer Stolz

Rum, Reggae, Rastafaris und eine relaxte Stimmung im Palmschatten – so wünscht man sich The Island in the Sun. Daß Jamaika, die drittgrößte Antilleninsel, abseits der Luxusstrände und -hotels von Ocho Rios, Montego Bay und Negril auch mit Attraktionen einer anderen Art aufwartet, bleibt oft unerwähnt. Lohnende Ziele sind z. B. die kühlen Blue Mountains, die stillen Badebuchten bei Port Antonio und das quirlige Kingston, der Geburtsort des Reggae. Wie sehr die Botschaften Bob Marleys schwarzes Selbstbewußtsein bis in die elenden shanty towns hinein bestimmen, wird Besuchern aus dem weißen Babylon kaum verborgen bleiben: Afrika ist vielen Jamaikanern näher als Europa, ihren Gästen begegnen sie mit Stolz, aber auch mit Wärme und Humor.

Geschichte – Gesellschaft

Nach der Entdeckung durch Kolumbus 1494 blieb Jamaika in spanischem Besitz. Die arawakische Urbevölkerung, die ihre Heimat *xaymaca,* „Land aus Wasser und Wald", genannt hatte, war bald ausgelöscht. Nach einigen Versuchen konnten sich 1655 erstmals englische Truppen auf der Insel festsetzen. Piraten, die mit dem Segen der Krone spanische Schiffe ausraubten, durften sich danach in Port Royal häuslich niederlassen. Der berüchtigte Henry Morgan avancierte dort sogar zum britischen Statthalter. Für Unruhe sorgten lange Zeit „herrenlose" Sklaven der Spanier. Diese sogenannten *maroons* verbargen sich in unzugänglichen Bergland und führten gegen die Pflanzer Krieg nach Partisanenart.

Im 18. Jh. gedieh die Insel dank Sklavenhandel und Zuckerrohr prächtig. Nach der 1838 vom Mutterland verordneten Befreiung der Afrikaner ging es jedoch rapide bergab. Als Folge von Aufständen wurde Jamaika 1866 zur britischen Kronkolonie mit der neuen Hauptstadt Kingston (1872) erklärt. Im Laufe des 20. Jhs. gewährte London weitere Autonomierechte, bis 1962 die Republik proklamiert wurde. Politisch dominieren seither zwei Parteien: die anfangs eher linksorientierte *People's National Party (PNP)* und die freiheitliche *Jamaica Labour Party (JLP).*

Wirtschaftlich ist Jamaika vor allem ein Agrarland (Zucker, Bananen, Kaffee, Piment), wobei die Fixierung auf Zuckerrohr abnimmt. Tourismus gewinnt stark an Bedeutung. Der Aluminium-Rohstoff Bauxit steht an erster Stelle unter den exportrelevanten Bodenschätzen. Verschuldung und Inflation setzt die Regierung seit den 80er Jahren eine neoliberale Schockpolitik entgegen, die Streiks und soziale Unruhen zur Folge hatte. Trotz einer Konsolidierung in den 90ern bleiben Strukturdefizite und Armut vorerst bestehen. 60 % aller Jamaikaner sind noch keine 20 Jahre alt, mehr als die Hälfte der Jugendlichen findet keine Arbeit. In den Slums gehören Gewalt, Prostitution und Drogensucht zum Alltag.

Montego Bay bis Ocho Rios

Puderweicher Sand, Luxushotels, Unterhaltung und Sport – kein Wunder, daß die meisten Besucher Jamaikas zum Relaxen an der Nordküste bleiben. Die schönsten Abstecher ins Hinterland führen zu noblen *Great Houses* oder durch das wilde *Cockpit Country.*

Montego Bay (90 000 Einw.) ist Jamaikas touristische Hauptstadt. *Downtown* gibt es nicht viel zu besichtigen: am **★** *Sam Sharpe Square* einige historische Bauten wie das alte Gefängnis (*The Cage)* und die *St. James Parish Church.* Im *Crafts Market* (Harbour St.) werden Kunsthandwerk und T-Shirts angeboten, die an manchen Abenden beim „Carnival" in der Kent Avenue und Gloucester Road die Bordsteine füllen. Die wie Badeanstalten betriebenen Strände **Doctor's Cave** und **Cornwall Beach** liegen zentrumsnah, die zauberhaften Hotels an den weißen Sandstreifen hingegen östlich des Flughafens. Im Süden des Zentrums gehen im *Freeport* Kreuzfahrtschiffe vor Anker.

❶ Cornwall Beach,
☎ 952-2462, 🖷 952-3587.
✈ **Sangster International,**
4 km vom Zentrum, Taxis.

🏨 **Half Moon Club,** ☎ 953-2211,
🖷 953-2731. Luxus pur auf 200 Hektar, herrlicher Strand, Golfplatz. $⑤⟫
Round Hill Hotel & Villas,
☎ 952-5150, 🖷 952-2505. Nobel und dennoch persönlich, viel Sport. $⑤⟫
Doctor's Cave Beach Hotel,
☎ 952-4355, 🖷 952-5204. Angenehmes Stadthotel, 200 m zum Strand. $⑤
Coral Cliff, 165 Gloucester Ave.,
☎ 952-4130, 🖷 952-6532. Legeres Ambiente, nah an Stränden und Kneipen. $⑤
La Mirage, 6 Queen's Drive,
☎ 952-4435, 🖷 952-6980. Modern und schlicht, zentral. $⑤

🏨 **Marguerite's,** Gloucester Ave.,
☎ 952-4777. Eleganz und Gourmetgerichte auf Terrassen am Meer. $⑤⟫
Town House, Church Street,
☎ 952-2660. Jamaikan. Küche. $⑤
Native Jerk Ltd., Market Street. Echte Inselküche, originelle Atmosphäre. $⑤

Nachtleben: **Hurricane Disco,** im Breezes Hotel, Gloucester Ave., heiße Rhythmen aus der Konserve. **Margueritaville,** der freche, schrille In-Treff schon am späten Vormittag, Disko.
Pier 1, freitags ist Partytime. **Great River Rafting:** romantische Floßfahrten mit Grillbuffet und Tanz.
Festival: **Reggae Sumfest,** Ende Juli/Anfang August.

Steckbrief

10 991 km²; 2,52 Mio. Einw., davon 90 % Schwarze.
Sprache: Englisch und Patois.
Währung: Jamaica Dollar (J $).
Wirtschaft: Bruttosozialprodukt pro Kopf: 1772 US $ (BRD 25 580 US $).
Attraktionen: Abwechslungsreiche Landschaft; Urlaubsorte an den herrlichen Sandstränden der Nord- und Westküste, viel Ruhe im Bergland. Historische Plantagenhäuser.
Unterhaltung und Sport:
*** Baden, ** Musik und Nachtleben, ** Golf, ** Wandern, * Surfen und Segeln, * Schnorcheln/Tauchen.
❶ **Jamaica Tourist Board,** Postfach 90 04 37, 60444 Frankfurt/M.,
☎ (0 61 84) 99 00 44, 🖷 99 00 46.

Ausflüge von MoBay: Die Stapel der Tourenprospekte in den Hotels signalisieren schon die Vielfalt der Sehenswürdigkeiten im Hinterland. Nicht verpassen sollte man **✶✶ Rose Hall Great House,** eines der schönsten historischen Plantagenhäuser Jamaikas (nahe dem Wyndham-Hotel, Taxis vom Zentrum). Um den schön restaurierten und liebevoll möblierten „Palast" rankt sich die Legende der „Weißen Hexe" Annie Palmer, einer früheren Hausherrin. Sie soll drei Ehegatten und zahllose schwarze Liebhaber auf dem Gewissen haben und deshalb bis heute als „Schloß"-Gespenst umgehen. Auch in **✶ Greenwood Great House** (8 km weiter östl.) erzählt die Führerin die Historie des Besitzes und seiner Geister, außerdem stellt sie die interessante Sammlung halbautomatischer Musikinstrumente vor. Knapp 20 Autominuten landeinwärts von **✶ Falmouth** liegt das neu renovierte **✶✶ Good Hope Great House,** ein exquisiter Herrensitz aus dem 18. Jh. mit zehn Gästezimmern im Kolonialstil (☏ 🖷 954-3289, Pool, Tennis und Ausritte zu Pferde; exzellente Küche, ⑤). Landeinwärts erstreckt sich das ursprüngliche **✶✶ Cockpit Country** mit den Kalksteinhöhlen **✶ Windsor Caves.** In den schwer zugänglichen Kalkbergen, die aus der Luft wie grüne Wattebäusche aussehen, gründeten im 17. Jh. entflohene Sklaven *(Maroons)* Siedlungen, z. B. *Accompong Town.* Die Maroon Villages besucht man am besten organisiert, z. B. in Verbindung mit der **✶✶ Appleton Rum Distillery** (Führung, Kostproben).

———

Die Straße von MoBay nach Osten folgt weitgehend der Küste. **✶ Discovery Bay** (72 km) und **✶ Runaway Bay** (80 km) sind aufstrebende Feriensiedlungen mit weißen Stränden und Unterkünften aller Kategorien. In Discovery Bay („Bucht der Entdeckung") soll Kolumbus 1494 erstmals an Land gegangen sein. „Zum Davonlaufen" *(to run away)* fanden vermutlich nur die geschlagenen Spanier 1658 die Runaway Bay, denn sie flüchteten von hier nach Kuba. Landeinwärts über Brown's Town und Alexandria führt die Straße in das Dorf *Nine Mile(s).* Hier kam **Bob Marley** zur Welt, und hier liegt der 1981 verstorbene Reggae-König in einem **Mausoleum** begraben. Schlicht gibt sich St. Ann's Bay, der Geburtsort von M. Garvey (s. S. 37).

Ocho Rios (108 km) verdankt seinen spanischen Namen „acht Flüsse" vermutlich einem Hörfehler, denn zunächst hieß das ehemalige Fischerdorf *Las Chorreras* („Die Wasserfälle"). An der schönen **✶ Turtle Beach** und den Hotelstränden von *Ochie* – nach Einheimischenslang – treffen sich vorwiegend Kreuzfahrt-Landgänger und strandhungrige Cluburlauber. Die Stadt selbst, eine schnell gewachsene touristische *boomtown,* besitzt außer den schönen botanischen *Shaw Park Gardens* und *Coyaba Gardens* (mit kleinem historischem Museum) eine der bekanntesten Attraktionen der Insel: **✶✶ Dunn's River Falls** (s. S. 33).

Die Straße Richtung Kingston taucht wenig außerhalb der Stadt ein in das changierende Grün des **✶ Fern Gully.** Die mit Farnen bewachsene Schlucht hat nach wiederholten Hurrikanwunden langsam ihr ursprüngliches dichtes Pflanzenkleid zurückgewonnen.

❶ Ocean Village Plaza, Shop 7, ☏ 974-2582/3, 🖷 974-2559.

🏠 **Jamaica Inn,** ☏ 974-2514, 🖷 974-2449. Vornehme Eleganz, ruhige Lage an weißem Strand. ⑤⟩⟩
Plantation Inn, ☏ 974-5601, 🖷 974-5912. Kolonial angehaucht, leger und dennoch stilvoll, eigene Bucht. ⑤⟩⟩
Sandals Ocho Rios und **Sandals Dunn's River,** ☏ 974-5691/974-0563, 🖷 974-5700/974-1611. All-inclusive-Clubs für Pärchen; perfekt gemacht, viel Rummel und bestes Sportangebot. ⑤⟩⟩
Shaw Park Hotel, ☏ 974-25 53, 🖷 974-5042. Gehobene Mittelklasse, an weiter Bucht, herrliche Terrasse. ⑤⟩
Hibiscus Lodge, ☏ 974-2676, 🖷 974-1874. Nettes Stadthotel mit gutem Restaurant **Almond Tree.** ⑤⟩

Seite 31

🏠 **Bibibip's,** 93 Main St. Nette Bar und liebevoll gedeckte Tische mit Meerblick. Abends sehr beliebt. ⑤
Minnies, Mallards Bay, ☎ 974-0236. Bob Marleys Köchin tischt strandnah Fisch und Vegetarisches auf. ⑤
Shakey's, Main Street, ☎ 974-2716. Akzeptables Fast food; gute Pizza. ⑤

Nachts: **Acropolis Disco,** Main Street. **Silk's Disco,** Shaw Park Hotel. Folkloreshows mit gutem Essen – auch mittags – in **The Little Pub.**
Einkaufen: **Ocean Village Shopping Centre** und nebenan **Crafts Market** (Kunsthandwerk).
Sport: **Golf:** Sandals Golf Club (18 Löcher), ☎ 975-0181. **Reiten:** Chukka Cove Farm, ☎ 972-2506. **Mountainbike-Touren** in den Blue Mountains, ☎ 974-7075.
Unterhaltung: **Jolly Roger Cruise,** ☎ 974-2323, Party-Kreuzfahrt mit reichlich Rum und Musik.

Seite **31**

Harmony Hall (Ocho Rios): Restaurant und Kunstgalerie

Port Antonio und der Nordosten

Hellauf begeistert vom tropisch-grünen Nordosten Jamaikas war schon Mantel-und-Degen-Star Errol Flynn („Unter Piratenflagge", 1935), den es in den 40er Jahren auf einem Segeltörn hierherverschlug. Prompt kaufte er **Navy Island** und ließ sich auf dem winzigen Inselchen vor der Küste nieder. Für die

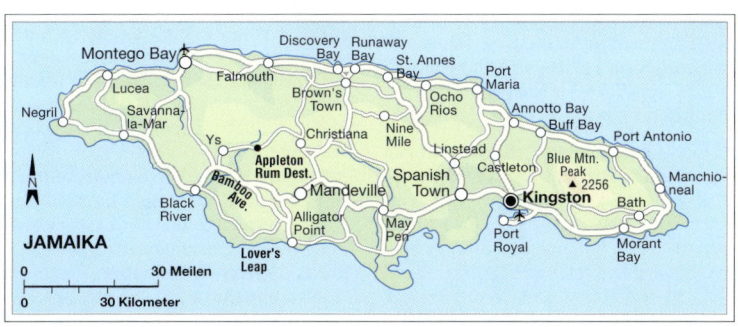

Schönheit des Landstrichs sind vor allem die Blue Mountains verantwortlich, an deren Hängen sich die Passatwolken ausgiebig abregnen.

✸✸ Port Antonio, seit dem späten 19. Jh. als wichtigster Bananenhafen der Insel bekannt, ist heute eine Kleinstadt mit echt jamaikanischem Flair und einer heiteren, gelassenen Atmosphäre. Vom englischen *Fort George* (18. Jh.), auf der einst edel bebauten Halbinsel *Titchfield Hill* zwischen zwei Hafenbuchten gelegen, stehen nur noch Ruinen. Interessant sind die alten Häuser am *✸ Town Market* (West Street) sowie das Gerichtsgebäude *(Court House).*

ℹ City Centre Plaza, ☎ 993-3051, 🖷 993-2117.

🚢 Boote nach Navy Island.

🏨 **Trident Villas,** ☎ 993-2602, 🖷 993-2960. Exquisite Suiten im karibisch-englischen Stil. ⑤⟩⟩
Mocking Bird Hill, ☎ 993-3370/-7267, 🖷 993-7133. Klein und geschmackvoll modern, über der Stadt gelegen, Pool, exzellente Küche; dt. Leitung. ⑤
Bonnie View Plantation, ☎ 993-2752, 🖷 993-2862. Altes Haus, neue Anbauten; bester Blick über die Stadt. ⑤
De Montevin Lodge, 21 Fort George St., ☎ 993-2604. Charmantes betagtes Stadthaus auf der Titchfield-Halbinsel, trad. jamaikanische Küche. ⑤

🍴 **Daddy Dee's,** West Street. Preiswert und typisch. ⑤ – Weitere Lokale in den Hotels und an der *Blue Lagoon.* Populäre Disko **The Roof Club,** West St.

Sport: **Wandern:** Schöne Halb- und Ganztagestouren in die Blue Mountains mit Valley Hikes, ☎ 993-3881. Reserv. auch im Mocking Bird Hill (s. o.).
Mountain Biking s. S. 31.

✸✸ Rio Grande River Rafting: Errol Flynns Partygag für verwöhnte Besucher aus Hollywood entwickelte sich zur größten Attraktion des Nordostens. Auf ca. 10 m langen und zweisitzigen Bambusflößen mit *raftsman* (Flößer) kann man die tropische Natur bequem an sich vorüberziehen lassen, ja sogar unterwegs schwimmen oder in kleinen Garküchen essen. Die zweistündige Fahrt beginnt bei Berridale und endet an der Flußmündung, wo die Bar **Rafter's Rest** auf durstige Ausflügler wartet. Gut verbinden läßt sich die Tour mit einem Abstecher zu den nahen **Somerset Falls,** romantisch in einer Urwaldschlucht gelegenen Kaskaden.

Verläßt man Port Antonio auf der Küstenstraße nach Osten, verführen die bildschönen Badestrände **✸ Frenchman's Cove** (mit Eintritt, dafür sehr gepflegt) und **Dragon Bay** (auch 🏨 🍴) zu einer längeren Pause. An der **✸ Blue Lagoon** (auch: *Blue Hole*), einer bei Sonnenschein tiefblau leuchtenden, 70 m tiefen Bucht, läßt es sich entlang der steilen Felsen trefflich tauchen, schnorcheln und in einem rustikalenen *Restaurant* prickelnde Cocktails oder Salate und frischen Fisch genießen.

Wer Lust auf herzhaftes *jerk pork* verspürt, fährt gleich geradeaus: Die Stände nahe der kleinen **✸ Boston Beach** werden gerühmt für diese Grillspezialität aus Schweine- oder Hühnerfleisch mit atemberaubend scharfer Chilisoße. Von hier führt die Straße über Manchioneal (Abstecher zu den *✸ Reach Falls;* Wasserfall mit natürlichem Badebecken) und Bath (Thermalquellen) nach Kingston (insges. 135 km).

Der Westen und Südwesten

✸✸ Negril, das einstige Hippie- und Rastafari-Paradies an der *Long Bay,* hat sich in den 80er Jahren zum bedeutenden Ferienort gemausert. Der 12 km lange, schneeweiße **✸✸** *Negril Beach,* einem naturbelassenen Sumpfgebiet *(The Great Morass)* vorgelagert, ist für Sonnenanbeter und Wassersportler schlicht eine Offenbarung. Es gibt zwar keinen gewachsenen Ortskern, dafür aber eine unübersehbare Zahl von Hotels. Am Strand verkaufen fliegende Händler einfach alles: Aloeblätter gegen Sonnenbrand, T-Shirts, Muscheln oder *ganja*. Immer unterwegs sind auch die *hustlers*, virile Berufspapagalli auf der Suche nach abenteuerlustigen Touristinnen.

ⓘ Coral Seas Plaza, ☎ 957-4243, 🖷 957-4489.

🏨 **Swept Away,** ☎ 957-4040/-4060, 🖷 957-4060. Pärchen-Club der noblen Art, luftige Zimmer, bestes Sportangebot. Ⓢ))
Charela Inn, ☎ 957-4277, 🖷 957-4414. Preiswertes, familiäres Strandhotel, gute Küche. Ⓢ)
Chippewa, gegenüber Charela Inn, ☎ 🖷 957-4676. Rustikale Bungalows, familiäre Atmosphäre. Ⓢ
Negril Gardens, ☎ 957-4408, 🖷 957-4374. Familienfreundliche, sehr luftig gebaute Anlage am Wasser. Ⓢ)

🏨 **Rick's Café** und **Pickled Parrot:** die Treffpunkte zu Sonnenuntergang. Ⓢ–Ⓢ))
Cosmo's Seafood, ☎ 957-4330. Fisch und Meeresfrüchte am Strand. Ⓢ
Nachtleben: Live-Musik u. a. in **De Bus, Alfred's Ocean Palace, Sam Sara.** Disko u.a. **Compulsion,** Negril Plaza.

Wer durch den touristisch weniger erschlossenen Südteil der Insel nach Kingston fährt (260 km), sollte sich in Black River der interessanten 1stündigen Bootstour **★★ Black River Safari** anschließen (Abfahrten beiderseits der Brücke). Zwischen Mangroven und Schilfgewächsen leben nicht nur exotische Vogelarten, sondern auch ca. 80 Exemplare des seltenen Spitzkrokodils.

ⓘ 2 High Street, ☎ 965-2074, 🖷 965-2076.

Sattgrüne Vegetation umrahmt die **★★ Ys–Falls** 19 km landeinwärts. Nach einer kurzen Traktorfahrt versprechen eine kleine Bar sowie

Am Fall aller Fälle

Die 190 m hohen, begehbaren Kaskaden der **★★ Dunn's River Falls** (3 km westlich von Ocho Rios) sind weltberühmt und oft dementsprechend überlaufen. Einheimische Führer helfen beim massenhaften Hand-in-Hand-Kraxeln über rundgeschliffene Felsen und schießen Erinnerungsfotos, während Souvenirverkäufer auf gute Geschäfte hoffen. Etwas Sinn für Humor und Kommerz vorausgesetzt, sollte man sich die tropische Dusche dennoch nicht entgehen lassen. ⏰ tgl. 8 bis 17 Uhr, mit Umkleidekabinen und Schließfächern; Badesachen und Turnschuhe nicht vergessen!

Seite 31

Tagaus, tagein herrscht Hochbetrieb am Dunn's River

Rio Grande River Rafting auf Errol Flynns Spuren

die Kaskaden (mit Badeaufsicht) sprudelnde Erfrischung (◷ zeitweise nicht Mo, Fei). Auf dem Weg nach Osten kühlt eine meterhohe Bambusallee – *Bamboo Avenue – den Asphalt. Das ruhige *Mandeville (50 000 Einw., 640 m), zeichnet sich durch sein kühleres Klima und ein hübsches, englischkoloniales Stadtzentrum aus. An die Spanier erinnert in *Spanish Town, der alten Hauptstadt (bis 1872) außer dem Namen nichts mehr, denn die Engländer machten Santiago de la Vega – so hieß der Ort vor 1655 – dem Erdboden gleich. Auf dem Fundament einer spanisch-katholischen Kirche wurde 1714 die anglikanische *St. James Cathedral* errichtet. „Very british" wirkt auch der Hauptplatz, *Park Square* (oder *The Park*) genannt: An seiner Stirnseite thront unter der Kuppel eines Triumphtempels, des *Rodney Memorial,* die Statue von Admiral George Rodney. Der Haudegen schlug 1782 die französische Flotte und bewahrte die englische Vorherrschaft vor Jamaikas Küste.

Kingston

Die jamaikanische Metropole (ca. 690 000 Einw.) ist eine hektisch pulsierende Hafenstadt am Fuße der Blue Mountains. Ihre Geschichte beginnt 1692, als Port Royal auf der vorgelagerten Palisadoes-Halbinsel von einem Erdbeben verwüstet wurde und sich die Überlebenden auf dem Festland ansiedelten. Aus dieser Zeit sind jedoch kaum Gebäude erhalten, denn ein weiteres Erdbeben zerstörte 1907 auch Kingston. Das chaotische Stadtbild prägen heute moderne Zweckbauten neben spätkolonialen Wohnhäusern, Luxus neben trostloser Armut. Nobelviertel mit modernen Geschäftszentren und komfortablen Hotels liegen in den nördlichen Bezirken *(Uptown),* während sich simple Holzhäuser und Hafenspelunken um das südliche Alt-Kingston *(Downtown)* gruppieren. Die westlichen Slums Trench Town und Jones Town sollten Touristen ohne einheimische Begleitung meiden.

Das Herz von **Old Kingston** schlägt am alten Hafenbecken, obwohl inzwischen alle Schiffe an den neuen Kais von *Newport West* anlegen. Gleich am *Pier No. 1,* von wo die Fähren nach Port Royal fahren, befindet sich der **Crafts Market** für Souvenirs von Kunst bis Kitsch. Auch Straßenhändler *(higglers)* versuchen mit Hartnäckigkeit und Witz, ihre Ware loszuschlagen. Wer sich auf das Feilschen mit ihnen einläßt, ist meist schon verloren …

Etwas weiter östlich am alten Hafen stößt man auf die **National Gallery.** Die bedeutende Sammlung moderner Kunst aus Jamaika umfaßt u. a. ausdrucksstarke Werke von Edna Manley, der Mutter des Ex-Premiers Michael Manley (◷ Mo–Fr 11–16.30 Uhr). Das **Institute of Jamaica,** nördlich davon in der East Street, fördert seit 1879 Kunst und Wissenschaft. Bekannt ist das Institut in ganz Westindien wegen seiner umfangreichen Bibliothek.

An der quirligen King Street, deren Gehsteige zahllose *higglers* belagern, stehen auf der Westseite das Hauptpostamt und gegenüber Regierungs- und Gerichtsgebäude *(Public Buildings).* Schiebt man sich durch die Menschenmassen entlang der Hauptstraße weiter nach Norden, ist bald der *St. William Grant Park erreicht. Der rechteckige Platz im Zentrum Downtowns heißt im Volksmund *The Parade,* weil zu kolonialen Zeiten hier die britische Armee exerzierte. In hellen Pastelltönen erstrahlt an der Nordseite die Fassade des *Ward Theatre, wo von Dezember bis April das Folklorefestival *National Pantomime* stattfindet.

Um in der weitläufigen **Uptown** (auch *New Kingston*) herumzukommen, sollte man über einen Mietwagen verfügen oder sich einer organisierten Rundfahrt anschließen. Die Aura alten Geldes umgibt das edle **Devon House** an der Hope Road, eines der vielen kolonialen Herrenhäuser der Insel. George Stiebel, der erste schwarze Dollarmillionär der Karibik, erwarb seinen Reichtum als

Seite 31

Besitzer einer Goldmine in Venezuela und finanzierte so die Villa mit den teuren Möbeln. ⏰ Di–Sa 9.30–17, So 11–16 Uhr. Nette Andenkengeschäfte; für den Mittagssnack bietet sich das Terrassencafé an. Abends serviert das 🏛 **Devonshire** edle Gerichte bei Kerzenschein im romantischen Hof (s. S. 36).

Koloniale Pracht in Uptown Kingston: Devon House

Seite 31

Eine jamaikanische Kultstätte für Musikfreunde trägt die Adresse 56 Hope Road: das ehemalige Tonstudio **Tuff Gong**, heute ★★ **Bob Marley Museum.** Zusammen mit seiner Band „The Wailers" war Bob Marley der unumstrittene Superstar und Botschafter des Reggae. Die Exponate dokumentieren seinen Aufstieg von der Jugend in den Slums bis zum afrokaribischen Nationalhelden. Der begnadete Musiker starb 1981 im Alter von nur 36 Jahren an Krebs. Die neuen **Tuff Gong Studios**, in denen heute u. a. Ziggy Marley und die Melodymakers produzieren, sind im Hafenviertel zu besichtigen; 220 Marcus Garvey Drive.

Lebendiges Old Kingston

Wer der Hope Road weiter in östlicher Richtung folgt, kann nach den Souvereign Shopping Centre die **Hope Botanical Gardens** auf dem Grund einer alten Zuckerplantage besuchen (mit kleinem Zoo und Vergnügungspark für Kinder). Südlich davon erstreckt sich auf dem Areal der früheren Mona- und Papine-Plantagen die renommierte **University of the West Indies** (gegr. 1948). In ihre Hörsäle zieht es Studenten aus der ganzen Karibik. Der Campus mit seinen Ruinen alter Mühlen und Sklavenbaracken steht jedermann offen.

ℹ **Jamaica Tourist Board** (JTB), 2 St. Lucia Ave., ☏ 929-9200, 📠 929-9375. Filiale am Flughafen. *Post:* 13 King Street.

✈ **Norman Manley Airport,** 15 km vom Zentrum in Richtung Port Royal, Taxi 15–17 US $. USA, Europa, Montego Bay und innerkaribische Flüge. Für den Inselverkehr: **Tinson Pen**

Kühle Oase: In den Blue Mountains

Airfield, westlich der Stadt.

King Street, Verbindungen in alle Richtungen.

🏨 **Jamaica Pegasus,** 81 Knutsford Blvd., ☎ 926-3690, 🖷 929-5855. Komfortabel, mit Pool und Ladenzeile; viele Geschäftsreisende. ⓢ⟩⟩

Terra Nova, 17 Waterloo Road, ☎ 926-9334, 🖷 926-4933. Moderne Zimmer, Restaurant in ehemaligem Privathaus, schöner Garten. ⓢ⟩

Four Seasons, 18 Ruthven Road, ☎ 929-7655, 🖷 929-5964. Attraktive Villa im Kolonialstil, dt. Leitung, bekanntes Restaurant. ⓢ⟩

Indies Hotel, 5 Holborn Road, ☎ 926-2952, 🖷 926-2879. Einfach, sauber und günstig. ⓢ

🏨 **Blue Mountain Inn,** Gordon Town Road, ☎ 927-1700. Karibisch-elegantes Dinieren in histor. Plantagenhaus; Reservierung empfohlen! ⓢ⟩

The Devonshire, Devon House, 26 Hope Road, ☎ 929-7046. Schönes Gartenlokal, Meeresfrüchte und internationale Küche. ⓢ⟩

The Grog Shoppe, auch im Devon House, ☎ 929-7027. Preiswertes Traditionslokal im Pub-Stil. ⓢ

Viele Restaurants in den Hotels; s. a. Blue Mountains.

Nachtleben: In-Disko **Mirage,** Souvereign Centre, 106 Hope Rd.; dort auch Kinos und Imbiß-Lokale. **Godfather's,** 69 Knutsford Blvd., Diskothek; Reggae, Pop und Openair-Flair im **Countryside Club,** 19 Eastwood Park.

Tip zum Baden und Schnorcheln: * **Lime Cay,** kleine Insel von Port Royal, mit Leihbooten erreichbar.

Ausflüge von Kingston

* **Port Royal,** die einstige Hochburg der Gesetzlosen, erreicht man mit der Fähre (15 Min.) vom alten Hafen oder mit dem Auto via Flughafen (30 Min.). Das heute unspektakuläre Fischerdorf beherrschten im 17. Jh. Desperados vom Schlage Henry Morgans und Calico Jacks, finstere Rumschenken und Bor-

delle prägten den Ort. 1692 ließ ein Erdbeben den Schandfleck im Meer versinken, mit ihm ertranken über 2000 Sünder. Sehenswert sind die Reste von * *Fort Charles* (1656; mit kleinem Museum) am äußersten Ende der Halbinsel und das *Old Naval Hospital* (1819). Das Munitionsdepot (1888) geriet durch das Beben von 1907 in Schieflage und heißt daher *The Giddy House.* Auf dem Friedhof der *St. Peter's Church* (1725; schöne Orgelempore) ruht Lewis Galdy, der beim Beben 1692 erst in die Tiefe gerissen, doch dann wieder an Land geschleudert wurde.

🏨 **Morgan's Harbour Hotel,** Port Royal, ☎ 924-8464, 🖷 924-8562. Verkehrsgünstig zum Flughafen und ruhig gelegen, Jachthafen; empfehlenswert. Sonntags Buffet-Lunch. ⓢ⟩

🏨 **Gloria´s,** gegenüber der Polizeistation. Bei Hochbetrieb werden die Tische auf die Straße gestellt; einfache Hausmannskost, frischer Fisch. ⓢ

**Blue Mountains

Wer nach dem lauten Treiben in Kingston Ruhe braucht, ist in den Bergen gut aufgehoben. Die an sonnigen Tagen empfehlenswerte Rundfahrt (120 km) auf ruppigen, engen Straßen führt zunächst über Gordon Town (300 m; *Sangster´s* Likörfabrikation, Führung und Verkauf) nach Guava Ridge (1000 m), das malerisch inmitten kleiner Obstfelder liegt. Etwa auf dieser Höhe gedeiht eine der weltbesten Kaffeesorten, der aromatische *Blue Mountain Coffee.* Die **Mavis Bank Central Coffee Factory** (ca. 3 km östl. Guava Ridge) zeigt, wie aus den roten Bohnen ein duftendes Elixier wird.

Biegt man in Guava Ridge nach Norden ab, lädt bald darauf das Hotel **Pine Grove** (auch Restaurant, ☎ 922-8705, 🖷 922-5898, ⓢ⟩) wenigstens zu einem Blick über die Bergwelt ein. Eine Erdpiste, die nach Regenfällen nur Geländewagen passieren können, führt weiter via St. Peter nach **Silver Hill** (Kaffeefabrik). Tropenflora und Bergpanoramen entschädigen für die Rüttelfahrt. Zurück nach Kingston schlängelt sich die Paßstrecke via *Hardwar Gap* (1220 m; kleines Café). Unterwegs passiert man den **Hollywell Park** (schöne Spaziergänge), wo im neblig-feuchten Bergregenwald riesige Baumfarne wuchern. Die Picknickplätze werden am Wochenende von Kingstonians besucht. In *Irishtown* knüpft das exklusive ⓗ **Strawberry Hill** an die koloniale Bautradition an. Köstliche Gerichte werden auf der Terrasse mit Blick auf Kingston aufgetragen – allein dafür lohnt der Abstecher. ☎ 944-8400, 🖷 944-8408. Ⓢ〗

★★ Blue Mountain Peak: Für die beschwerliche, vierstündige Königstour hinauf auf 2256 m sind robuste Schuhe und wetterfeste Kleidung obligatorisch. Das ideale Basislager ist das jugendherbergsähnliche *Whitfield Hall* (ca. 1 Std. mit Geländewagen ab Mavis Bank). Wer den Gipfel wolkenfrei erleben will, sollte spätestens um 2 Uhr morgens aufbrechen (Taschenlampe mitnehmen!). ❶ **Maya Lodge,** Jacks Hill, Kingston 7, ☎ 927-2097, 🖷 927-6967.

Seite 31

Zuerst an die Sonne, dann zum Rösten: jamaikanischer Kaffee

Rastafaris: Back to the roots

Leaving Babylon into our fathers' land – so besang Bob Marley 1977 den Traum vom Exodus ins „Gelobte Land Afrika". Die Rastafari-Bewegung, deren Jünger an der verfilzten Mähne *(dreadlocks)* erkennbar sind, geht auf eine Gruppe religiöser Sektierer in den Kingstoner Slums der 20er Jahre zurück. Ihr charismatischer Anführer, **Marcus Garvey** (1887–1949), prophezeite die Heimkehr nach Afrika, sobald dort ein neuer König auftauchen würde. Als in Äthiopien sich ein gewisser Ras („Herzog") Tafari Makonnen 1930 zum Kaiser Haile Selassie krönen ließ, stand fest: Die Rückkehr ins Paradies Zion war nahe. Obwohl das Projekt „Back to Africa" niemals in die Tat umgesetzt wurde, gerieten seine Symbole nicht in Vergessenheit. Als in den USA der 60er Jahre die Black-Power- und Hippie-Ära anbrach, kamen die rotgrüngoldene Flagge Äthiopiens und der Löwe von Juda, das Wappen Haile Selassies, zu neuen Ehren. Mit Hilfe ihres musikalischen Botschafters **Bob Marley** verbreitete sich die Lehre bald in ganz Westindien. Weil die soziale Gegenwart Afrikas wenig attraktiv erscheint, widmen sich die wenigen echten Rastas heute rein spirituellen Zielen. Sie leben in Landkommunen, ernähren sich von Biogemüse, trinken keinen Alkohol und meditieren mit *ganja,* selbstgezogenem Marihuana. Ihre Ideale sind völlige Friedfertigkeit *(One Love),* der Glaube an den allmächtigen Gott *Jah* sowie gewaltloser Widerstand gegen moderne Hierarchien und falschen Fortschritt – gegen *Babylon.*

Puerto Rico

Seite
43

Fast food mit Salsa

Beinahe schon USA, aber immer noch Lateinamerika – auf diesen einfachen Nenner lassen sich die zwei ungleichen Persönlichkeiten Puerto Ricos bringen. Neben Fast-food-Buden, Spielkasinos und Kettenhotels bleibt genug Raum für karibisches Flair: Unbeeindruckt von den Betonburgen im Touristenviertel Condado hat in Viejo San Juan altspanische Grandezza dem Einbruch der Moderne widerstanden. Welten liegen zwischen dem aufregenden Nachtleben in den hauptstädtischen Salsabars und der provinziellen Gelassenheit im Hinterland. Durch das tropisch-grüne Inselzentrum führt die Ruta Panorámica und erschließt die malerische Gebirgslandschaft der Cordillera Central.

Geschichte – Gesellschaft

Als Kolumbus die Insel 1493 sichtet, ist sie von Taíno-Indianern besiedelt, die ihre Heimat *Borinquén* nennen. 15 Jahre später erkundet der *Conquistador* Ponce de León, ein Andalusier, erstmals das Innere Puerto Ricos. Er gründet Caparra (nahe dem heutigen San Juan), die nach Santo Domingo zweitälteste europäische Siedlung der Neuen Welt. Die „Kolonisierung" nimmt ihren Lauf, d. h., die Urbevölkerung wird ausgerottet und durch afrikanische Arbeitskraft ersetzt. Bald entbrennt zwischen den europäischen Mächten der übliche Wettlauf um Vorherrschaft und neue Märkte: 1595 kreuzt Francis Drake vor Puerto Rico auf, wird aber zurückgeschlagen. Auch allen weiteren Invasionsversuchen durch Engländer und Niederländer trotzen die Spanier, indem sie San Juan zum mächtigsten Bollwerk Amerikas ausbauen.

1897 gewährt Spanien der Insel weitgehende Selbständigkeit, ein Jahr später wird sie nach dem Spanisch-Amerikanischen Krieg den USA zugesprochen. 1917 erhalten die Puertoricaner die amerikanische Staatsbürgerschaft; die Vereinigten Staaten verwalten die Insel, gliedern sie aber nicht ihrem Territorium an. Seit 1952 spricht sich die Bevölkerung in Volksentscheiden wiederholt für den Status des *Associated Free State* (span. *Estado Libre Asociado*) aus. Im Washingtoner Kongreß ist Puerto Rico durch einen Abgeordneten ohne Stimmrecht vertreten.

Ein böses Sprichwort besagt, der Puertoricaner sei direkt aus der „Bananenstaude in den Cadillac" geschüttelt worden. Wirtschaftlich profitiert der Freistaat tatsächlich stark von der Zollunion und den Subventionen aus dem Norden. 85 % aller Waren (z. B. Textilien, Rum) importiert das US-Festland, 95 % der Touristen stammen von dort, und in New York leben heute mehr Puertoricaner als in der Inselhauptstadt. Kulturell überwiegt dennoch der Wille zur Eigenständigkeit: Man spricht Spanisch und pflegt lateinamerikanische Lebensart – dazu gehören auch südländische Gastfreundschaft und die Freude an *salsa* und lautstarken *fiestas*.

**San Juan

Puerto Ricos Hauptstadt (1 Mio. Einw.) ist aufgrund seiner ausgezeichneten Flug- und Schiffsverbindungen auch eine Metropole der Karibik. Die denkmalgeschützte ***Altstadt** (Old San Juan, Viejo San Juan)* erstreckt sich auf einer schmalen Landzunge zwischen dem Atlantik und der weiten Hafenbucht. Ein komplett erhaltener Befestigungsring *(La Muralla)* aus dem 16. und 17. Jh. umgibt das historische Zentrum, für dessen Besuch man sich gut einen halben Tag Zeit nehmen sollte. Daß die Stimmung in Viejo San

San-Juan-Mix: US-Karossen und koloniale Eleganz

Seite 41

Juan keineswegs museal ist, beweist spätestens der Bummel durch das muntere Nachtleben.

Den Eingang zur Altstadt markiert die **Plaza Colón** mit der Kolumbusstatue von 1893. Zu Ehren des Genuesen erhielten 1992, im 500. Jubiläumsjahr seiner ersten Fahrt nach „Indien", zahlreiche Straßenzüge eine sauber restaurierte Fassade. Über die steil nach rechts ansteigende Calle Norzagoray gelangt man schnell zum * **Fuerte San Cristóbal.** Von dem 1766–1772 erbauten Fort ergibt sich ein schöner Blick über die Altstadt und die modernen Hochhäuser des Viertels *Condado.*

Im Herzen des alten Zentrums liegt die belebte * **Plaza de Armas,** im 16. Jh. nach spanischem Vorbild angelegt. An seiner Nordseite steht der stattliche Arkadenbau des Rathauses (*Alcaldía,* mit Informationsbüro), im Westen die klassizistische *Real Intendencia* (ehem. königl.-span. Schatzamt), in der nun das auswärtige Amt Puerto Ricos residiert.

Vorbei am * **Museo del Indio,** wo in einem sehenswerten Patiobau präkolumbische Fundstücke präsentiert werden, kommt man durch die Calle San José zur gotischen * **Catedral de San Juan Bautista ❶.** Erstmals stand an gleicher Stelle 1529 ein Gotteshaus aus Holz, das ein Hurrikan zerstörte. Die mehrfach restaurierte Kathedrale geht auf einen Steinbau von 1540 zurück. In der Seitenkapelle ruhen die Gebeine von *Juan Ponce de León,* dem ersten Gouverneur Puerto Ricos.

Durch schlichte Schönheit und das strahlende Weiß ihrer Fassade beeindruckt die * **Iglesia San José ❷** (1523), eine der ältesten Kirchen der Neuen Welt. Den gleichnamigen Platz schmückt die Statue von Ponce de León, dessen sterbliche Überreste 1908 von San José in die Kathedrale überführt wurden. Die * *Casa de los Contrafuertes* (span. Stützpfeiler) kann, dank des namensgebenden Gebälks, als ältestes Privathaus gelten. Es stammt von 1715, während das Apothekenmuseum im Parterre neueren Datums ist. Freunde klassischer Musik wird das *Museo Pablo Casals* mit Dokumenten zu Leben und Werk des weltberühmten katalanischen Cellovirtuosen interessieren. Casals (1876–1973) verbrachte die letzten Jahre seines Lebens in Puerto Rico. Unter den klassisch-spanischen Arkaden des * *Convento Santo Domingo* (meerwärts gelegen) soll künftig das städtische Kunstmuseum Raum finden.

Entlang der Stadtmauer, mit herrlicher Sicht über die atlantische Brandung, gelangt man weiter zur Landspitze. Zwischen Friedhof und Fuerte San Cristóbal hat sich das nur von nostalgisch erscheinende Armenviertel *La Perla* hineingezwängt; Touristen sollten es meiden. An der 1992 eingeweihten * **Plaza del Quinto Centenario ❸** wird den „Entdeckungen" Kolumbus' auf postmoderne Weise gedacht: Die Betonfläche rund um den Obelisk *(El Totem Telúrico)* aus indianisch anmutenden Tonscherben nutzen junge Puertoricaner für artistische Übungen auf Skateboards und Rollschuhen.

Über ein freies Feld, auf dem Einheimische im Frühjahr Drachen steigen lassen, führt ein kurzer Fußweg zum ** **Castillo de San Felipe del Morro.** Wie ein gewaltiger steinerner Sporn ragt das 43 m hohe Kastell mit den bis zu 6 m dicken Wehrmauern ins Meer hinaus. Schlicht atemberaubend ist der Rundblick von den verschiedenen Ebenen der Anlage. Besonders schön zu beobachten sind Bananendampfer und Kreuzfahrtschiffe, die gerade ankommen oder sich aus der weiten *Bahía de San Juan* schleppen lassen. Verläßt man das Fort in Richtung des ehemaligen Pulvermagazins (mit Schornstein), läßt sich von dort die Landzunge entlang der Stadtmauer umrunden.

Die * **Casa Blanca ❹,** das „weiße Haus", wurde 1521 als Stadtpalast Ponce de Leóns erbaut und blieb 250 Jahre lang in Familienbesitz. Heute historisches Museum, zeigt es auch Modelle indianischer Wohn- und Kultstätten. An eine Legende aus dem Jahre 1797 erinnert das Denkmal an der **＊Plazuela de la Roga‐tiva** ❺: Englische Belagerer sollen damals die Kerzenlichter einer Bittprozession (span. *rogativa*) für eine anrückende Armee gehalten und die Flucht ergriffen haben. Am Stadttor **Puerta de San Juan** ❻ wurden einst hohe Würdenträger nach der Überfahrt aus Spanien empfangen und zum Dankgottesdienst geleitet. Außerhalb des Tores führt die Promenade **＊Paseo de la Princesa** (Infobüro im ehem. Gefängnis) bis zum Kreuzfahrthafen.

＊La Fortaleza ❼, der Gouverneurspalast, entstand auf den Fundamenten der ältesten Festung der Stadt (von 1540). Gegenwärtig kann lediglich der prächtige Garten des Komplexes besucht werden. Dafür bieten sich die Geschäfte in der Gegend um Calle

Wie ein steinerner Sporn ragt die Festung El Morro ins Meer

❶ Catedral de San Juan Bautista
❷ Iglesia San José
❸ Plaza del Quinto Centenario
❹ Casa Blanca
❺ Plazuela de la Rogativa
❻ Puerta de San Juan
❼ La Fortaleza
❽ Parque de las Palomas

Fortaleza/Calle Cristo zu einem ausgiebigen Bummel an. Hübsche Andenken sind z. B. die bunten Masken der Künstlerfamilie Ayala aus Loíza und die Heiligenfiguren *(santos)* des Schnitzers Angel Botello. Am Südende der Calle Cristo befinden sich das *Museo de Bellas Artes* (puertoricansche Malerei), die *Casa del Libro* (Buchmuseum) und der kleine **＊Parque de las Palomas ❽**. Von der nicht nur bei Tauben beliebten Grünanlage genießt man den schönsten Blick auf den Hafen.

Tip: Besuch der **＊Bacardi Distillery** (Cataño, 🚤) mit Kostprobe; Touren Mo–Sa, ☎ 788-1500.

❶ 2, Paseo la Princesa, ☎ 721-2400, 🖶 725-4417. Magazin „Qué Pasa", Zeitung „San Juan Star" (engl.).
🚲 Isla Grande, kleine Maschinen.
🚌 Plaza Colón (*Metrobus* für Großraum San Juan). Kostenlose *Trolleys* (in der Altstadt).
🚤 Fähre nach Cataño alle 30 Min. von Pier 2, Hafenrundfahrten.
🏨 **Wyndham Old San Juan,** 101 Marina St., ☎ 721-5100, 🖶 721-1111. Komfort im neokolonialen Look. ⑤﹚﹚﹚
El Convento, 100 Cristo, ☎ 723-9020, 🖶 721-2877. Ehem. Kloster, neu renoviert; hübscher Innenhof, Pool. ⑤﹚﹚﹚
🏨 **La Mallorquina,** 207 San Justo, ☎ 722-3261. Ein Muß: traditionell deftige Küche in einem der ältesten Lokale der Karibik. ⑤﹚
La Bombonera, 259 San Francisco, ☎ 722-0658. Typisch und turbulent, ideal fürs Frühstück. ⑤
Nachts: Viele Kneipen an der Plaza San José, z. B. **Los Hijos de Borinquén** (oft Live-Musik), **Amadeus** u. a.

Reisebüro: **Exclusive Tours,** Calle Tetuán 105, ☎ 725-1301, 🖶 725-1342; deutschsprachig.

Schon **außerhalb der Altstadt** steht der imposante Kuppelbau des *Capitolio,* in dem das Parlament Puerto Ricos tagt. Gegenüber dem kleinen Fort *San Gerónimo* (1788) erstreckt sich die Meeresbucht **Laguna Condado.** Auf der Halbinsel davor liegt der gleichnamige Ho-

telbezirk, der stellenweise wie ein „Little Miami" wirkt. Die schöneren Strände (mit Korallenriff *Boca de Cangrejos*), die eleganteren Hotels und Spielkasinos findet man heute weiter westlich im Stadtteil **Isla Verde.** Wer den Kontrast zu den gleichförmigen Luxusresorts sucht, sollte vor allem am Wochenende die volkstümlichen Garküchen des **＊Centro Playero** (1 km westl. des Holiday Inn) aufsuchen. Das Essen, z. B. *tostones con gambas* (gebackene Bananen mit Krabben), wird zwar auf Plastiktellern und direkt in der Einflugschneise des Airports serviert, der gelassenen Stimmung am Strand tut dies aber keinen Abbruch.

🛬 **Luis Muñoz Marín** (Isla Verde), weltweite Verbindungen. Taxi nach Old San Juan ca. 15 US $.
🏨 **San Juan Grand Beach Resort,** Av. Isla Verde, ☎ 791-6100, 🖶 791-8525. Luxus im Las-Vegas-Look, mit Kasino. ⑤﹚﹚
Condado Plaza, 999 Av. Dr. Ashford, ☎ 721-1000, 🖶 721-4613. Großhotel am Anfang von Condado. ⑤﹚﹚
Caribe Hilton, Puerta de Tierra, ☎ 721-0303, 🖶 725-8849. Klassisches Resort zwischen Altstadt und Condado. ⑤﹚﹚
Empress Oceanfront, Amapola 2, Isla Verde, ☎ 791-3083, 🖶 791-1423. Kleineres Haus am Meer, relaxte Atmosphäre. ⑤﹚
Canario Inn, 1317 Av. Dr. Ashford. ☎ 722-3861, 🖶 722-0391. Simpel und freundlich, mitten in Condado. ⑤﹚
🏨 **Ajili Mojili,** Condado Lagoon Hotel, ☎ 725-9195. Gehobene puertoricanische Küche. ⑤﹚
Metropol, Ruta 37, Isla Verde, ☎ 791-4046. Deftige kubanische und lokale Spezialitäten. ⑤﹚

Nachtleben: In Hotels und Kasinos. Live-Salsa: **Jet-Set Club,** gegenüber dem San Juan Grand Beach (s. o.).
Sport: *Tauchen:* **Mundo Submarino,** Laguna Gardens Mall, ☎ 791-5764, 🖶 791-5764.
Hochseefischen: **Benitez Fishing Charters,** ☎ 723-2292, 🖶 725-1336.

Tagesausflug

El Yunque – El Luquillo

Am Flughafen vorbei führt die *ruta 187* zunächst entlang der einsamen, von Palmen gesäumten *** Playa Torrecillas** nach **Loíza Aldea** (27 km). Der verschlafene Ort ist bekannt für sein von Afrika inspiriertes Brauchtum. So legen während der *Fiesta de Santiago* (letzte Juliwoche) bei den sog. *vejigantes*-Prozessionen die Bewohner farbenprächtige Masken und Kostüme an.

Über die steil ansteigende *ruta 191* gelangt man zügig in die Bergregion der *Sierra de Luquillo* (**Luquillo Beach,** s. S. 45). Die dichte Tropenvegetation aus Baumfarnen, Bambus und bis zu 30 m hohen Tabonuco-Bäumen im **** Nationalpark El Yunque** profitiert von den dort ganzjährig starken Niederschlägen (oft nachmittags!). Schöne Wanderpfade durch den Regenwald beginnen oberhalb des Wasserfalls ** La Coca* nahe dem Besucherzentrum (❶), wie z. B. *El Yunque Trail,* der in etwa 1 Std. zum Aussichtsturm ** Britton Tower* (Blick über Wald und Küste) führt. Ein ständiger, aber unsichtbarer Begleiter ist der 3 cm kleine Baumfrosch *coquí,* dessen lautmalerischer Name seinen pfeifenden Ruf beschreibt.

Puerto Rico

8897 km², 3,6 Mio. Einw., zu 75 % spanischstämmig. Englisch als Amtssprache, Spanisch im Alltag, insbesondere außerhalb San Juans. Währung: US $.
Attraktionen: Kolonialzeitliche Architektur, tropische Bergland-schaften und schöne Badestrände, *American Way of Life* und südamerikanische Unbeschwertheit.
Unterhaltung und Sport: *** Baden, *** Musik und Nachtleben, *** Einkaufen, ** Wandern, *** Golf.
❶ Eifelstr. 14 a, 60529 Frankfurt/M., ☎ (0 69) 35 00 47, 🖷 35 00 40.

Seite 43

Um die Jahrhundertwende leistete sich das wohlhabende Ponce ein neues Feuerwehrhaus

Als neues Flaggschiff der Hotellerie gilt das **Westin Rio Mar Resort** (15 km westl. Luquillo). Der 200-ha-Komplex im attraktiven Plantagenstil trumpft mit 2 km Palmenstrand, zwei 18-Loch-Golfplätzen und einem Country-Club auf. ☎ 888-6000, 🖷 888-6600. ⑤⟫⟫

Seite 43

Jachtkapitäne und Segler gehen in **Fajardo** (54 km, ⛴ zu den stillen Inseln Vieques und Culebra), dem ehemaligen Schmugglernest an der Ostküste, vor Anker. Der Sporthafen *Marina del Rey* ist einer der modernsten.

Inselrundfahrt

San Juan – **Ponce – Boquerón – *Mayagüez – Arecibo – San Juan (ca. 340 km, 2–3 Tage ohne **Ruta Panorámica)

**Ponce (200 000 Einw.; 112 km), die zweitgrößte Stadt, erreicht man von San Juan auf der *autopista 52* (geringe Maut) in ca. 1 Std. Ihre Hauptattraktion sind die pastellfarbenen Art-déco-Fassaden aus den 20er Jahren im historischen Zentrum an der Fußgängerzone **Paseo Atocha*. Am Hauptplatz **Plaza de las Delicias* mit der Kathedrale *Nuestra Señora de Guadalupe* und dem kuriosen rot-schwarz-gestreiften Feuerwehrhaus **Parque de Bombas* (1882) stehen kostenlose *Trolley-Busse* zur Stadtrundfahrt bereit.

Das **Museo de Arte* (Av. Las Américas) zeigt die sehenswerte Sammlung – u. a. Werke von Rodin, Murillo und einheimischer Künstler – des früheren Gouverneurs und Millionärs Luis A. Ferré. 15 km nördlich der Stadt lohnt sich der Besuch der historischen Kaffeeplantage **Hacienda Buena Vista.* ⊙ Fr–So nach Voranmeldung, ☎ 722-5882.

❶ Fox Delicias Mall, 1. Stock, ☎ 840-5695.
🏨 **Ponce Hilton,** Villa del Carmen, ☎ 259-7676, 🖷 259-76718. Guter Standard am Meer, außerhalb. ⑤⟫
Meliá, Pl. las Delicias, ☎ 842-0260, 🖷 841-3602. Traditionshotel mit hübschem Foyer, einfache Zimmer. ⑤⟫

🏨 **El Ancla,** 9 Av. Hostos, ☎ 840-2450, Meeresfrüchte und internationale Küche. ⑤
Lupita's, 60 C. Isabel, ☎ 848-8808. Mexikanische Spezialitäten. ⑤⟫

In der Südwestecke der Insel, beiderseits des **Cabo Rojo,** machen Puertoricaner Ferien – entsprechend lustig und laut wird es am Wochenende im Fischerdorf *La Parguera* (auch exzellente Tauchmöglichkeiten). 5 km östlich kann man in mondlosen Nächten ein Phänomen beobachten, das in der Karibik mehrfach auftritt: Leuchtende Mikroorganismen im Wasser bringen die ****Bahía Fosforeszente** regelrecht zum Glühen (Bootstouren 19.30–23 Uhr).

🏨 **Villa Parguera Parador,** ☎ 899-3975, 🖷 899-6040. Familienhotel der nationalen Paradores-Kette, direkt am Meer. ⑤⟫

Wer gerne Austern *(ostiones)* schlürft, mag **Boquerón:** Das Dorf feiert im Juni sogar eine *fiesta* zu Ehren der glibberigen Schalentiere, die Fischer in den umliegenden Mangrovenlagunen „ernten". ****Boquerón Beach,** eingebettet in die Berge der Sierra Bermeja, zählt zu den attraktivsten Badestränden der Insel – mit oder ohne Austern.

🏨 **Parador Boquemar,** ☎ 851-2158, 🖷 851-7600. Einfach, populär bei Einheimischen. ⑤

*Mayagüez (100 000 Einw.; 65 km von Ponce), die drittgrößte Stadt der Insel, wurde 1918 fast komplett von einem Erdbeben zerstört. Im Zentrum an der von G. Eiffel geplanten **Plaza Colón* verbreiten dennoch einige hübsch renovierte Gebäude karibisches Flair.

In Mayagüez beginnt die ****Ruta Panorámica** genannte Landstraße, die sich entlang des Hauptkammes der Cordillera Central quer durch die Insel schlängelt. Für die Reise durch Kaffeeanbaugebiete und Regenwald kalkuliert man mindestens zwei Tage, für die Nacht unterwegs reservieren einfache *paradores* ein Bett. Auf dieser Strecke liegt die **Reserva Forestal Toro Negro* mit lauschigen Picknickplätzen mitten im Bergwald.

Nördlich von Mayagüez, bei Rincón und am brandungsreichen Westkap *Punta Higüero* stellen Wellenreiter gerne ihr Können unter Beweis.
ⓗ **Horned Dorset Primavera,**
☎ 823-4030, 🖷 823-5580. Einsam gelegenes Juwel mit stilvoller Einrichtung, Pool, kleiner Strand. ⓢ⟩⟩

Arecibo, den freundlichen Küstenort am Atlantik, kennt man in Puerto Rico vor allem wegen seines turbulenten Karnevals. 20 km südlich verbirgt sich im karstigen Bergland ein weitläufiges Höhlensystem, der ****Río Camuy Cave Park** (🕐 Di–So 8–16 Uhr). Östlich davon arbeiten Astronomen am größten Radioteleskop der Welt, dem ***Observatorio de Arecibo** (🕐 Di–Fr 14–15, So 13–16.30 Uhr). Der ***Parque Ceremonial Indígena Caguana** (12 km westl. von Utuado) gibt Forschern noch Rätsel auf: Vermutet wird, daß sich auf den von Steinplatten umrahmten länglichen Feldern im 13. Jh. Taíno-Indianer zu rituellen Ballspielen versammelten. Vor der Rückkehr (30 km bis San Juan) lohnt sich die Badepause an der weiten, leuchtend weißen ***Playa de Dorado.**

ⓗ **Hyatt Dorado Beach,**
☎ 796-1234, 🖷 796-2022. Luxuriöse Ferienanlage, Wassersport und Golf. ⓢ⟩⟩

Waren die Taíno Fußballer? Die Kultstätte von Caguana

Ein Sonntag am Strand: El Luquillo

El Luquillo – das karibische „Freibad"

Wer echt puertoricanisches Strandleben kennenlernen will, kommt um das ****Balneario Playa de Luquillo** (49 km östl. von San Juan) kaum herum: Am Wochenende versammeln sich an der feinsandigen Palmenbucht Horden erholungsuchender Großfamilien in Feiertagslaune, perfekt ausgestattet mit Bier und Rum aus der Kühlbox. Alles ist bestens organisiert: Megaparkplatz, Umkleidekabinen, Schließfächer und Bademeister, die nach verlorengegangenen Kindern suchen. In 60 durchnummerierten *quioscos* an der Hauptstraße werden herzhafte Happen und *piña colada* hektoliterweise ausgegeben, abends oft bei *merengue* und *salsa* live. Einen Ruhetag hat das karibische „Freibad" auch: Montags rücken Putzkolonnen und Müllabfuhr an.

Virgin Islands

Seite 49

Jungfern mit sonnigem Gemüt

Schon Kolumbus kreuzte zwischen den rund 100 Eilanden östlich von Puerto Rico, nahm es aber mit dem Zählen nicht so genau: So benannte er die Inselgruppe nach den legendären 11 000 Jungfrauen, die der hl. Ursula in den Tod gefolgt sein sollen. Danach gab es kaum eine Kolonialmacht, die die Jungferninseln nicht zeitweilig besessen hätte. Nicht nur die Flaggen Spaniens, Englands, Frankreichs, der Niederlande und Dänemarks, sondern auch das Totenkopfemblem Captain Blackbeards flatterte hier im Wind. 1917 kauften die USA den dänischen Anteil (St. Croix, St. Thomas, St. John; US Virgin Islands), um den Panamakanal strategisch zu sichern. Die British Virgin Islands (u. a. Tortola, Virgin Gorda, Jost van Dyke) sind seit dem 18. Jh. Kronkolonie geblieben, wenn auch mit einem hohen Maß an Selbstbestimmung. Beide Territorien leben heute vom Tourismus.

United States Virgin Islands (USVI)

1,8 Mio. Touristen jährlich besuchen die kleinen USVI (106 000 Einw.), vor allem Kreuzfahrtpassagiere aus Nordamerika. Für sie besonders attraktiv sind die zollfreien Hafenzonen und das stark auf US-Bedürfnisse zugeschnittene Unterhaltungsangebot. Tauchsportler und Segler finden ebenfalls sehr gute Bedingungen vor. Während der Trubel auf St. Thomas und St. Croix oft keine Grenzen kennt, schätzen Naturfreunde St. John gerade wegen seiner Ruhe und Abgeschiedenheit.

St. Thomas

Der Kreuzfahrthafen von St. Thomas (53 000 Einw.) ist eines der quirligsten Touristenzentren der Karibik. **＊Charlotte Amalie,** der terrassenförmig angelegte Hauptort (12 000 Einw.), wirkt im Gedränge konsumwütiger Tagesbesucher gelegentlich wie ein großes Einkaufszentrum. Nicht zu übersehen sind dennoch die adretten Kolonialhäuser im dänischen Stil. Direkt an den Kais liegen das Abgeordnetenhaus *(Legislature Building)* und ＊ *Fort Christian* (mit kleinem Museum), das 1678 fertiggestellt wurde und damals der gesamten Inselbevölkerung Platz und Schutz bot. Zu den ältesten Gebäuden der Stadt zählen auch die *Frederick Lutheran Church* (1826) und *Government House* (1867), der Sitz des Inselgouverneurs. Die *Main Street* von Charlotte Amalie, eine regelrechte Duty-free-Meile, trägt wie alle Straßen noch ihren zweiten, dänischen Namen: *Dronningensgade.*

Von der Terrasse des Traditionshotels ＊ *Galleon House* (☎ 774-6952, ⬛ 774-6952) öffnet sich eine herrliche Aussicht über Stadt und Hafenbucht. *The 99 Steps* sind eigentlich 103 Stufen und steigen steil an bis zum *Crown House,* der ehemaligen Residenz des dänischen Statthalters. Oberhalb erinnern die Ruinen von *Blackbeard's Castle* an den gefürchteten Freibeuter Edward „Blackbeard" Teach, der hier im Kreise seiner 14 Frauen gehaust haben soll (heute Hotel und Restaurant).

Wenige Kilometer nordöstlich von Charlotte Amalie lockt der submarine Naturpark **＊＊Coral World.** In einer 4,25 m unter dem Meeresspiegel liegenden Beobachtungsstation können dort selbst wasserscheue Besucher durch Panoramafenster einen bequemen Blick auf Meeresflora und -fauna werfen. Dank dicker Glasscheiben vor dem sogenannten *Reef Tank* bleibt die Begegnung mit Barrakuda, Hai und Rochen absolut risikolos.

Eines der beliebtesten Fotomotive auf den USVI ist der 2 km lange Sandstrand der **Magens Bay.** Da die ganze Bucht unter Naturschutz steht, darf im Umkreis nicht gebaut werden.

Auf dem Rückweg von Magens Bay ins Landesinnere passiert man den von Kreuzfahrt-Landgängern viel frequentierten Aussichtspunkt *Drake's Seat.* Der Legende nach soll Francis Drake sich hier nach Raubzügen gerne niedergelassen haben, um seine Schiffe zu zählen. Ein weiterer „Höhepunkt" von St. Thomas befindet sich im hügeligen, einsameren Nordwesten: Vom 450 m hohen *Mountain Top (Bar, Souvenirläden) reicht der Blick über 19 der umliegenden Virgin Islands. Zurück nach Charlotte Amalie gelangt man entlang dem Flughafen und weiter Meeresbuchten an der Südküste: **Perseverence Bay, Lindbergh Bay.**

Tip: U-Boot-Tour mit Atlantis Submarine, Havensight Mall 6, ☎ 776-5650.

❶ West Indian Company Dock, ☎ 774-8784, 🖷 774-4390.
◁▷ **Cyril E. King International,** 4 km (Taxis). Karibische Inseln, USA.
⛴ St. John, Tortola/BVI.

🏨 **The Ritz–Carlton,** Great Bay, ☎ 775-3333, 🖷 775-4444. Reiner Luxus, sehr amerikanisch. Ⓢ)))
Secret Harbour, 6280 Est. Nazareth, ☎ 775-6550, 🖷 775-1501. Schöne Strandlage, eigene Tauchstation. Ⓢ))
Bluebeard's Castle, ☎ 774-1600, 🖷 774-5134. Originelles Stadthotel um einen Wehrturm von 1689. Ⓢ)
Island View Guesthouse, Crown Mtn., ☎ 774-4270, 🖷 774-6167. Großartige Sicht von der Terrasse; freundlich. Ⓢ)

🍴 **The Greenhouse,** ☎ 774-7998. Fisch und Steaks an der historischen *Waterfront* von Charlotte Amalie. Ⓢ)
A Taste of Italy, Back Street, Ch. A., ☎ 775-1090. Bar, Café und Restaurant – alles italoamerikanisch. Ⓢ)

Sport: Tauchzentrum **Sapphire Beach Resort,** ☎ 775-6100. Golfplatz **Mahogany Run** (18 Löcher), ☎ 777-6006.
Sicherheit: Diebstähle auf den USVI nehmen zu. Nichts im Wagen lassen!

Badefreuden auf St. John

Bluebeard's Castle ist heute ein Hotel

US Virgin Islands

St. Croix 218 km², St. Thomas 83 km², St. John 52 km². ges. 105 000 Einw.; Landessprache Englisch; Währung: US $.
Attraktionen: Strände, Unterwasserparks, Regenwald auf St. Croix und St. John.
Unterhaltung und Sport: **Tauchen, ***Golf, **Baden, **Segeln, **Einkaufen.
❶ **Mangum Management GmbH,** Herzogspitalstr. 5, 80331 München, ☎ (0 89) 23 66 21 44, 🖷 2 60 40 09.

St. Croix

Der Name der größten Jungferninsel (57 000 Einw.) spricht Bände: Die Spanier nannten sie „Santa Cruz" (Heiliges Kreuz), die Franzosen *Sainte Croix,* heute amerikanisch-salopp *sänt-kroi* ausgesprochen. Und weil alle Kolonisten, auch Dänen und Niederländer, ihre Spuren hinterließen, gleicht die Hauptstadt *Christiansted einem europäischen Museumsdorf in den Tropen: Verwinkelte Gassen, schmiedeeiserne Türen, biedere Vorgärten mit blühenden Bougainvilleen und liebevoll bemalte Fassaden. Dank zahlreicher Strände in der Umgebung ist die Stadt das touristische Zentrum der Insel.

Im *Old Scalehouse* von 1856 wurde einst Handelsware gewogen, heute beherbergt es das Verkehrsbüro. *Fort Christiansvaern (an der Hafenpromenade), mit alten Kanonen und Kerker, errichteten die Dänen 1738. Gegenüber kann man im *Steeple Building,* das früher als evangelische Kirche diente, ein kleines Museum zur Siedlungsgeschichte besichtigen. Eines der prächtigsten Gebäude ist *Gouvernement House* (1747) mit seinem historischen Ballsaal. Und die besten Adressen für den Einkaufsbummel lauten: *Company Street* und *King Street.*

Die Gewässer bei **Buck Island,** 8 km vor Christiansted (⌫), gelten als einziger Untermeeresnationalpark der USA. In 4 bis 5 m Tiefe können Taucher und Schnorchler dort in glasklarem Wasser zwei beschilderten *Underwater Trails* durch zauberhafte Korallenwälder folgen. Für den, der lieber trockenen Fußes bleibt, stehen auch Boote mit Glasboden bereit.

Kreuzfahrtschiffe gehen in der Hafenbucht von *Frederiksted (3500 Einw.; 26 km von Christiansted) vor Anker. Der Ort an der Westküste brannte 1878 fast komplett nieder; die schmucken Backsteinhäuser im englisch-viktorianischen Stil wurden danach wiederaufgebaut. Sehenswert sind u. a. *Fort Frederik* und das *Old Customs House*

(Infobüro). Nördlich von Frederiksted führen zwei Straßen durch dichten Regenwald: Die *Scenic Road West (No. 78, nur für Geländewagen) sowie die *Mahogany Road (No. 76). Als Paradestrand der Insel wird **Davis Bay gehandelt, die sich an das Waldgebiet im Norden anschließt. Vom schnurgerade nach Christiansted führenden Queen Mary Highway sollte man einen Abstecher zum **Whim Greathouse einplanen. Das Plantagenhaus (18. Jh.) mit Zuckerrohrmühle erlaubt einen interessanten Einblick in den Arbeitsalltag der Kolonialzeit (🕐 Mo–Sa 10–17 Uhr).

Tip: Die Entstehung edlen Rums erklären Touren durch die **Cruzan Rum Factory** (nahe dem Flughafen).

❶ Old Scalehouse, Christiansted, ☎ 773-0495.
✈ Flughafen **Alexander Hamilton,** 15 km westlich Christiansted; *Seaplane Base* für Wasserflugzeuge.
🏨 **Westin Carambola Beach Resort,** North Shore, ☎ 778-3800, 🖷 778-1682. Erste Klasse an der bildschönen Davis Bay. $$$
Cormorant Beach Club, ☎ 778-8920, 🖷 778-9218. Hübsche Villen. $$$
Hibiscus Beach, ☎ 773-4042, 🖷 773-7668. Preiswert, gut gelegen. $$
The Pink Fancy, 27 Prince St., Christiansted, ☎ 773-8460, 🖷 773-6448. In historischem Stadthaus. $
🍴 **Tutto Bene,** Company Street, ☎ 773-5229. Lebhaftes karibisches Café, italienischer Touch. $$
Lunchería, Company St., Christiansted. Populäres Open-air-Lokal. $$

Sport: Tauchen mit **VI Divers Ltd.,** Pan Am Pavilion, Christiansted, ☎ 773-6045.
Carambola Golf Club, ☎ 778-5638.
Veranstaltungen: **St. Croix Jazz and Art Festival** (Mitte Okt.).

St. John

Nur 4,5 km vom betriebsamen St. Thomas entfernt tut sich eine andere Welt auf: Zwei Drittel der 15 km langen und 8 km breiten Insel stehen seit 1956 als

Virgin Islands National Park unter Naturschutz – gemäß dem Testament L. Rockefellers, St. Johns früherem Besitzer. Von ca. 3000 Einwohnern leben die meisten als Fischer und Pensionäre. Die Fähren von St. Thomas und Tortola (BVI) legen in Cruz Bay an, von dort folgt eine Asphaltstraße der Küste rundherum. Die Verwaltung des Nationalparks organisiert Führungen durch den Regenwald. Den Besuch lohnen auch die Ruinen der *** Annaberg Sugar Plantation** und vor allem die herrlichen Badestrände an *** Caneel Bay** und **** Trunk Bay** (mit Tauchlehrpfad).

Seite
49

❶ Cruz Bay, ☏ 776-6450.

🚢 St. Thomas, Tortola.

🛩 Wasserflugzeuge zu den Nachbarinseln.

🏨 **Caneel Bay,** ☏ 776-6111, 🖨 693-8280. Einsam und nobel, garantiert ohne TV und Telefon. Ⓢ⟩⟩

Gallows Point, Cruz Bay, ☏ 776-6434, 🖨 776-6520. Ferienwohnungen in komfortablen Holzhäusern. Ⓢ⟩⟩

Raintree Inn, Cruz Bay, ☏ 🖨 693-8590. Einfaches, nettes Gasthaus (nur für Nichtraucher). Ⓢ⟩

🍴 **Morgan's Mango,** ☏ 693-8141. Karibische Küche. Ⓢ⟩

Old Gallery, ☏ 693-8666. Fisch und Hummer, Fr Buffet. Ⓢ⟩

Mangroven säumen viele Küsten

British Virgin Islands (BVI)

Wassersportler können sich auf den BVI richtig austoben, denn zum Segeln und Tauchen sind die Bedingungen schlicht ideal. Ansonsten schonen Ferien auf Tortola, Virgin Gorda oder Anegada die Nerven. Um dies zu illustrieren, zählt das Verkehrsamt gerne jene Dinge auf, die es dort *nicht* gibt: Verkehrsampeln, Hochhäuser, Fastfood-Lokale und Diskos ...

Tortola

Wer die Hauptinsel (13 000 Einw.) mit dem Wagen erkundet, lernt ihre herausragenden Eigenschaften schnell kennen: Ihr Inneres ist zerklüftet und bergig, die Straßen sind unglaublich steil und eng. Vom ehemals üppigen Bewuchs sind nur magere Reste übrig. In *** Roadtown** (8900 Einw.), der Kapitale der Kronkolonie, gibt es außer Unmengen von T-Shirts auf dem Markt, einigen Geschäften entlang der *Main Street,* einem kleinen Museum und zwei alten Forts nicht viel zu sehen.

Die Küstenstraße nach Westen passiert das vorgelagerte Inselchen **Nanny Cay** (mit Hotel und Hafen) sowie das niederländische **Fort Recovery** (1660). Auch am hübsch herausgeputzten Ankerplatz **** Soper's Hole** bei *West End* haben sich Läden, Bars und Restaurants ganz auf das Jachtgeschäft eingestellt. Exklusive Häuser im progressiven Design vermietet *Steele Point Estate* auf der Landspitze (☎ 494-2447, 🖷 494-2141).

In allen Schattierungen zwischen Türkis und Tiefblau schimmert das Meer an den Postkartenstränden der Nordseite; besonders schön sind **Long Bay, Little Apple Bay** (Surfertreff), **Brewer's Bay** und *** Cane Garden Bay.** Vom Weg durch den ***** *Mount Sage National Park* (521 m, markierter Wanderweg an der *Ridge Road*) genießt man ein Inselpanorama nach allen Seiten.

❶ Social Security Bldg., Roadtown.
🖙 **Beef Island,** 15 km v. Roadtown;

Puerto Rico, Antigua, St. Maarten.
🖙 Regelmäßige Fähren zwischen Tortola (Beef Island, Roadtown, West End) und Virgin Gorda, Peter Island, Jost van Dyke sowie den USVI.
🏨 **Long Bay Beach Resort,** ☎ 495-4252, 🖷 495-4677. Moderne Villen an herrlichem Strand. Ⓢ⟩⟩
The Sugar Mill, ☎ 495-4355, 🖷 495-4696. Kleineres Haus auf ehemaliger Plantage. Ⓢ⟩⟩
Mongoose Apartements, ☎ 495-4421, 🖷 495-9721. Simple, freundliche Anlage an der Cane Garden Bay. Ⓢ⟩
🏨 **Sebastian's,** Little Apple Bay, ☎ 495-4212. Frischer Fisch am Strand. Ⓢ⟩
Mrs. Scatliffe's, Carrot Bay, ☎ 495-4556. Westindische Hausmannskost, Reservierung erbeten. Ⓢ⟩

Abends: **Bomba's Shack,** Little Apple Bay, eine Institution seit Jahren: Tanzbar aus Treibgut und Sand, legendäre Vollmondparties.
Tauchen: **Baskin in the Sun,** Soper's Hole, ☎ 494-2858.

Ausflüge von Tortola

Anegada, die nördlichste der Virgin Islands (250 Einw.) zeichnet sich durch flache, koralline Bodenstruktur und prachtvolle Badestrände aus: beste Aussichten für Taucher und Angler.
🏨 **Anegada Reef Hotel,** ☎ 495-8002, 🖷 495-9362. Rustikal und abgeschieden. Ⓢ⟩⟩

Jost van Dyke (🖙 ab West End): Absolute Ruhe, ein Meer in atemberaubendem Türkis und ein weißer pudriger ****** *Strand* – was will man noch? Der Name der Insel (135 Einw.) geht auf niederländische Kolonisten zurück. Die Attraktion in Sachen Unterhaltung heißt „Foxy's", wo in der legeren Freiluftbar der Chef die Gäste unterhält.
🏨 **Rudy's Mariner Inn,** ☎ 495-9282. Hotel, Restaurant und Nachtclub. Ⓢ⟩
⚠ **White Bay Campgr.,** ☎ 495-9312.

Auch die Minieilande *** Peter Island** (private Hotelinsel mit öffentlichem Strand, ☎ 495-2000, 🖷 495-2500,

Seite 49

Ⓢ) oder ***Norman Island,** bekannt als Robert L. Stevensons „Schatzinsel", bieten sich für Tagesausflüge an.

Virgin Gorda

Manchmal steil, manchmal sanft erheben sich im Norden der 2500-Seelen-Insel spärlich bewachsene Hügeln über dem ****North Sound,** einer karibischen Modellbucht. Vorgelagerte Inselchen *(Prickley Pear, Mosquito Island)* und ***Eustatia Reef,** schirmen sie vom Atlantik ab. Komplettiert wird die perfekte Kulisse durch sündteure Jachten, die vor Luxushotels in der Brandung dümpeln. Bootstaxis verkehren vom North Sound nach Gun Creek, wo Pick-up-Taxis mit offener Passagierfläche warten. Die Strecke über den *Virgin Gorda Peak* (422 m) nach **Spanish Town** (auch: *The Valley*) kann es in puncto Gefälle mit jedem Alpenpaß aufnehmen.

Im flachen Süden sind herrliche Strände zu entdecken, z. B. ***Little Dix Bay** (⚓, Jachthafen), **Trunk Bay** und vor allem ****The Baths:** Dort türmen sich zwischen hohen Palmen riesige Granitmurmeln zu einem System aus Grotten, Teichen und schmalen Passagen. Kraxelnd, watend und mit eingezogenem Kopf legt man entlang sichernder Halteseile in 15 Minuten den Weg zur idyllischen ***Devil's Bay** zurück.

❶ Yacht Harbour, Spanish Town,
☎ 495-5181.
🛩 Puerto Rico, Tortola.
🛥 Beef Island/Tortola.

⚓ **Biras Creek,** ☎ 494-3555,
🖷 494-3557. Viel Natur und legerer Luxus am North Sound. Ⓢ)
The Bitter End Yacht Club,
☎ 494-2746, 🖷 494-4756. Seglerrefugium mit großem Sportprogramm, auch für Anfänger. Tip: nächtliche Schnorcheltrips! Ⓢ)
Guavaberry Spring Bay Vacation Homes, ☎ 495-5227, 🖷 495-5283. Nette Bungalows nahe The Baths. Ⓢ)
Fischer's Cove Beach Hotel,
☎ 495-5252, 🖷 495-5820. Freundlich, am Strand nahe Spanish Town. Ⓢ)

Seite **49**

British Virgin Islands

153 km²; 17 000 Einw.; Landessprache Englisch; Währung: US $.
Attraktionen und Sport: Ruhe, Natur unter und über Wasser, Strände. ******* Segeln, ****** Baden, ****** Tauchen, ****** Windsurfen.
❶ Wallstr. 56, 40878 Ratingen,
☎ (0 21 02) 71 11 83, 🖷 2 11 77.

The Baths: Badebuchten wie aus dem Bilderbuch

Jost van Dyke: Welcome to Foxy´s!

Leeward Islands

Seite 53

Die kleinen Perlen

Aus der Luft wirken manche der wie zufällig hingestreuten Inseln kaum größer als ein palmenbewachsener Fußballplatz. Bei näherer Betrachtung jedoch erweisen sich die vermeintlichen Miniaturen durchaus als interessant und vielseitig: In dem vom Vulkanismus geprägten Montserrat hat sich eine kuriose Kulturmixtur erhalten, St. Kitts und Nevis überraschen mit stilvollen Hotels in alten Plantagenhäusern, Saba sowie Sint Eustatius begeistern mit tropischen Landschaften über wie auch unter Wasser. Exquisite Strände und einsamen Luxus offerieren schließlich Anguilla, St. Barts oder St-Martin.

Anguilla

Spanische Seeleute nannten die 28 km lange und nur 4 km breite Insel ihrer Form wegen *Anguilla* – „Aal". Von einem kurzen französischen Intermezzo abgesehen, blieb sie stets britische Kronkolonie. Nur einmal machten die Insulaner Schlagzeilen: 1969 beschlossen sie, aus der ungeliebten Verwaltungseinheit mit St. Kitts und Nevis auszutreten und erklärten ihre Unabhängigkeit. Nachdem alle Diplomatie gescheitert war, besetzte die englische Elitetruppe *The Red Devils* Anguilla und gliederte die Aufmüpfigen wieder dem Mutterland an. Dokumentiert wird die „Anguillanische Revolution" in der *Heritage Collection* von South Hill.

The Valley, Hauptort und Off-shore-Handelsplatz, ist ein unübersichtliches Gemenge aus Geschäfts- und Verwaltungsbauten. Das Landesinnere bietet ebenfalls nichts Spektakuläres; der höchste „Berg", **Crocus Hill,** mißt gerade 65 m. Mit dem Auto erreicht man schnell die eigentlichen Attraktionen: Die schönsten unter den strahlendweißen Sandbuchten heißen **Rendezvous Bay, Mead's Bay, Captain's Bay** und **★★ Shoal Bay.** Einen Besuch wert ist auch das Fischerdorf *Sandy Ground,* wo kleine Restaurants typische Fischgerichte zubereiten und populäre Strandpartys stattfinden. Ausflugsboote starten von hier nach **★ Sandy Island** (gute Bade- und Tauchmöglichkeiten).

❶ Department of Tourism, The Valley, ☎ 497-2759, 🖷 497-3389.
✈ **Wallblake Airport,** The Valley; u. a. Antigua, St. Kitts und St. Thomas.
🚢 Ab Blowing Point ca. alle 30 Min. nach Marigot/St-Martin.

🏨 **Cap Juluca,** Maundays Bay, ☎ 497-6666, 🖷 497-6617. Luxusrefugium im maurischen Stil. ⑤⟩⟩
Cinnamon Reef, Little Harbour, ☎ 497-2727, 🖷 497-3727. Noble Villen am Strand. ⑤⟩⟩
La Sirena, Mead's Bay, ☎ 497-6827, 🖷 497-6829, in der Schweiz ☎ (01) 930 11 17, 🖷 930 30 92. Stilvoll und modern, reizvoller Garten. ⑤⟩
Lloyd's Guesthouse, The Valley, ☎ 497-2351. Einfache Zimmer in weißem Holzhaus. ⑤

🏨 **Riviera,** Sandy Ground, ☎ 497-2833. Traditionslokal mit französischem Touch. ⑤⟩⟩
Scilly Cay, ☎ 497-5123. Fisch und Hummer auf vorgelagerter Insel. ⑤⟩
Wassersport: **Anguillan Divers,** Island Harbour, ☎ 497-4750.

Anguilla

91 km², 8900 Einw.;
Sprache: Englisch;
Währung: East Caribb. Dollar (EC $).
Attraktionen und Sport: Ideale Strände, Erholung, luxuriöse Hotels. **★★** Baden und **★** Tauchen.
❶ c/o **SERGAT,** Im Güldenen Wingert 8 c, 64342 Seeheim, ☎ (0 62 57) 96 29 20, 🖷 96 29 19.

St-Martin – Sint Maarten

Nur in der Karibik gibt es einen Grenz-
übergang zwischen Frankreich und den
Niederlanden: Während der Norden der
Insel (St-Martin) zum französischen
Département Guadeloupe gehört, ist
das südliche Sint Maarten Teil der Niederländischen Antillen. Im 17. Jh. de-
portierten die Spanier niederländische
und französische Gefangene hierher
und unterstellten ihnen afrikanische
Sklaven zur Salzgewinnung in den Lagunen. Als die Spanier die Insel ver-
ließen, teilte man das Gebiet auf: Angeblich schickten bei Vertragsschlie-
ßung Franzosen und Niederländer je
einen Mann in entgegengesetzte Richtung um die Insel – den ersten mit
Wein, den zweiten mit Genever als
Wegzehrung: Am Punkt, wo
sie sich trafen, soll die Gren-
ze gezogen worden sein.
Zielstrebiger war, kein Wunder ob des bekömmlicheren
Proviants, der Franzose. Er
erwanderte 52 km², der Niederländer nur 37 km² Fläche:
Es stören weder Schlagbaum
noch Zoll, und man erfreut
sich gemeinsam eines steti-
gen Dollarsegens – 700 000
Touristen besuchen die Insel
jedes Jahr.

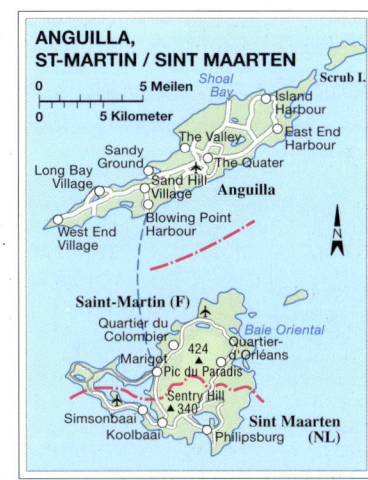

Philipsburg (13 500 Einw.),
Hauptstadt des niederländischen Teils, ist nach Charlotte Amalie (St. Thomas) der
zweitgrößte Kreuzfahrthafen
der Karibik. Am Pier und im
blitzsauberen Zentrum zwischen *Frontstreet* und *Back-
street* stöhnen Landgänger
unter der Last ihrer Duty-
free-Einkäufe. Sehenswert
sind das hölzerne *Courthouse*
(1793), ein historisches Museum (Voorstraat 119) und
die zahlreichen, wenn auch
etwas überrestaurierten *gingerbread houses* mit ihren typischen Zierleisten an den

Seite 53

*Anguilla: An der Shoal Bay ist
noch ein Plätzchen frei*

*In Philipsburg heißt die Devise:
zollfrei Einkaufen*

Seite
53

St-Martin · Sint Maarten

96 km², 23 000 Einw.;
Sprachen: Niederländisch, Französisch, Englisch;
Währungen: Franz. Franc, Netherlands Antilles Guilder (NAf), US $.
Attraktionen und Sport: Strände, zollfreies Shopping, französisch-kreol. Küche. ** Baden, ** Tauchen, ** Surfen, * Nachtleben.
❶ **Dutch Caribbean Travel Center,** Karlstr. 12, 60329 Frankfurt/M., ☎ (0 69) 2 40 01 83, 🖷 24 27 15 21. – Für den französischen Teil siehe Guadeloupe, S. 67.

Giebeln. *Fort Amsterdam* (guter Rundblick), von der Front Street zu Fuß erreichbar, war die erste niederländische Festung (1631) in der Karibik und wurde später von der Spaniern zerstört.

Mit dem Wagen läßt sich die Insel an einem Tag leicht umrunden. Vom Aussichtspunkt Cole Bay Hill, 4 km westlich von Philipsburg, ergibt sich ein schönes Panorama des Grand Etang de Simson Baai (Simpson Bay Lagoon) mit den Nachbarinseln am Horizont. Entlang der schmalen Landzunge südlich der Lagune haben sich an den feinsandigen Stränden Maho Beach, Mullet Beach und Cupecoy Beach zahlreiche Hotels etabliert.

Marigot, der kleine Hauptort des französischen St-Martin (Dep. Guadeloupe), pflegt das Flair eines Feriendorfes an der Côte d'Azur. Am Jachthafen Porte Royal flaniert die kleine Welt durch die Boutiquen und genießt *pastis* oder *café au lait* in den Straßencafés. Nicht billig sind die vielgelobten Restaurants, die am Fischereihafen karibische Haute Cuisine offerieren. Mittwoch und Samstag morgens findet am Platz vor dem Hafen ein lebhafter Markt statt.

Die schönsten Strände liegen nördlich von Marigot und an der Ostküste; am beliebtesten sind **Grand Case,** die **Baie**

Oriental (FKK) und **Dawn Beach** (gut zum Schnorcheln). Zum vorgelagerten winzigen **Îlet Pinel** (Restaurant, Strände) schippern kleine Ausflugsboote.

❶ Philipsburg, Walter Nisbeth Rd. 23, ☎ 22 337, 🖷 22 734. Port de Marigot, ☎ 87 57 21, 🖷 87 56 43.
✈ **Juliana Intl.,** 15 km westl. Philipsburg, weltweite Verbindungen.
🛳 Anguilla ab Marigot ca. alle 30 Min.

🏨 *Niederländische Seite:* **Sheraton Port de Plaisance,** Cole Bay, ☎ 45 222, 🖷 42 428. Spitzenhotel in künstlicher Gartenlandschaft. Ⓢ⟩⟩
Great Bay, Philipsburg, ☎ 22 446, 🖷 23 859. Lebhaftes Mittelklassehotel. Ⓢ
Pasanggraham, Philipsburg, ☎ 23 588, 🖷 22 885. Sympathische Atmosphäre im ehemaligen Gouverneurssitz, Pool. Ⓢ
Französische Seite: **La Belle Creole,** Baie Nettlé, ☎ 87 66 00, 🖷 87 56 66. Mediterranes Flair. Ⓢ⟩⟩
Privilege, Anse Marcel, ☎ 87 38 38, 🖷 87 44 12. Kleines Luxusresort und Heilbad. Ⓢ⟩⟩
Anse Margot, Baie Nettlé, ☎ 87 92 01, 🖷 87 92 13, in Deutschland: ☎ (0 89) 55 53 35, 🖷 5 23 22 12. Angenehmes Ferienhotel in direkter Strandlage. Ⓢ
Mont Vernon, Baie Oriental, ☎ 87 62 00, 🖷 87 37 27. Etwas erhöht an einem 2 km langen Strand, neu renoviert. Gute Mittelklasse. Ⓢ

🍴 **La Vie en Rose,** Marigot, ☎ 87 54 42. Französisch-kreolische Küche. Ⓢ⟩⟩
Fish Pot, Grand Case, ☎ 87 50 88. Meeresfrüchte auf typisch westindischer Terrasse. Ⓢ
Captain Oliver's, Oyster Pond, ☎ 87 30 00. Fisch und Hummer auf Terrasse am Meer. Ⓢ
The Frigate, Mullet Bay, ☎ 52 801. Populäres Steakhaus. Ⓢ

Nachtleben: **Casablanca Nightclub,** im Great Bay Hotel, ☎ 23 786. Revue, Tanz. **Cheri's,** Maho Reef, ☎ 53 361, Live-Merengue. Viele weitere Bars und Kasinos an der Maho Beach.

Saint-Barthélemy

Das winzige, steinig-trockene Saint-Barthélemy eignete sich nie für die Plantagenwirtschaft. Weil deshalb keine Sklaven eingeführt wurden, stammen die meisten Insulaner direkt von Seeleuten aus der Normandie oder aus Schweden ab. 1784 trat Frankreich die Insel an Schweden ab, das sie zum profitablen Freihafen ausbaute. Als sich das Geschäft nicht mehr lohnte, erhielt sie Frankreich 1879 zurück. Heute hat sich St-Bart(h)s, wie es meist genannt wird, zum Jet-set-Treffpunkt entwickelt – bei entsprechenden Preisen. Unbeeindruckt von allem importierten Luxus pflegen alteingesessene Insulaner in abgelegenen Fischerdörfern Brauchtum der Normandie: Viele sprechen noch den Dialekt ihrer Ahnen, und an Feiertagen tragen Frauen sogar gelegentlich die *calèche,* eine antiquierte Stoffhaube.

Die niedrigen Steinhäuser umarmen in **Gustavia,** dem Hauptort der Insel (Dép. Guadeloupe), gleichsam die geschützte Hafenbucht und ziehen sich hügelaufwärts. Das Dorf **Corossol** (nordwestl. von Gustavia) wurde bekannt für die Flecht- und Korbwaren aus den Blättern der Latanier-Palme. Der schönste Sandstrand der Insel erstreckt sich im Nordwesten von der **∗∗ Anse des Flamands** bis zur rauhen **∗ Petite Anse.**

Wuchernder Bergregenwald am Mount Scenery (Saba)

❶ Quai du Général-de-Gaulle, Gustavia, ☎ 27 87 27, 📠 27 74 47.
✈ St-Martin, Guadeloupe.
🛥 St-Martin.
🏨 **Guanahani,** Grand-Cul-de-Sac, ☎ 27 66 60, 📠 27 70 70. Bungalowanlage der Luxusklasse. ⑤⟩⟩
Auberge de la Petit Anse, ☎ 27 64 60, 📠 27 72 30. Komplette Apartments nahe dem schönsten Strand. ⑤⟩
🏛 **Le Rivage,** Grand-Cul-de-Sac, ☎ 27 82 42. Franz.-karibisch. ⑤⟩⟩
Abends: In den Hotels sowie in Gustavia, u. a. **Bar de l'Oubli,** Le Petit Club.
Surfen/Segeln: **Wind Wave Power,** St. Barth Beach Hotel, Grand-Cul-de-Sac, ☎ 27 82 57.

St-Barts · Saba · Statia

St-Barts: 21 km², 5000 Einw.;
Sprache: Französisch;
Währung: Französicher Franc (FF).
Attraktionen und Sport: Ruhe und exklusives Ambiente. **∗∗ Baden, ∗∗ Surfen.**
❶ s. Guadeloupe, S. 67.

Saba: 13 km², 1100 Einw.
Sint Eustatius: 31 km², 2100 Einw.
Sprachen: Niederländisch, Englisch.
Währung: Netherlands Antilles Guilder (NAf).
Attraktionen und Sport: Natur, Ruhe; **∗∗∗ Tauchen, ∗∗ Wandern.**
❶ s. Sint Maarten, S. 54.

Saba

Spektakuläre Strände sucht man vergeblich, denn das nur 13 km² große Saba ist ein einziger grüner Berg im weiten Meer. Die Reize der mit 870 m höchsten Erhebung auf niederländischem Territorium (seit 1815) sind eher diskreter Natur. Obwohl der Tourismus an Bedeutung gewinnt, herrscht noch immer erholsame Ruhe: Von den jährlich 20 000 Besuchern kommen die meisten nur als Tagesausflügler, insbesondere zum Tauchen. **The Bottom,** der beschauliche Hauptort, erinnert an ein Provinzdorf in den Niederlanden: liebevoll gepflegte Holzhäuser, rote Dächer, saubere Vorgärten. Bevor in den 40er Jahren eine Straße quer über die Insel gebaut wurde, mußte man alle Waren mühsam über in den Fels gehauene Stufen zu den Siedlungen bringen. Der Flugplatz, an der einzigen flachen Stelle Sabas gelegen, entstand 1963, die Docks bei Fort Bay erst 1974.

Die meisten Hotels und Läden stehen in **Windwardside,** dem zweiten Bilderbuchdorf der Insel. Außerdem befinden sich hier Verkehrsamt, Post, eine Bank sowie ein sehenswertes historisches Museum. Auf den **★★Mount Scenery** führt ein Treppenweg (1064 Stufen, laut Hinweistafel) in ca. 1 Std. Gehzeit durch feuchtwarme Tropenluft. Zu den typischen Pflanzenarten des Bergwaldes zählen z. B. Orchideen, Baumfarne und Epiphyten (Aufsitzerpflanzen), die im Geäst imposanter Baumriesen wuchern. Im **★★Saba Marine Park,** einem der abwechslungsreichsten Tauchreviere der Welt, begeistern fischreiche Korallenriffe und bizarre Vulkanlandschaften.

🛈 Windwardside, ☎ 62 231, 🖷 62 350.

🛫 **Juancho Yrausquin** (unterhalb Hell's Gate), Taxizubringer. St. Maarten, St. Eustatius.

🛳 St. Maarten.

🏠 🏠 **Willard's,** Booby Hill, ☎ 62 498, 🖷 62 482. Neues Luxus-Resort in Hanglage, Pool, Jacuzzi, Tennis. $⟩⟩

Captain's Quarters, Windwardside, ☎ 62 201, 🖷 62 377. Liebevoll restauriertes Kapitänshaus. $⟩

Juliana's, Windwardside, ☎ 62 269, 🖷 62 389. Hübsche Apartments mit Pool. $⟩

Tauchen: **Saba Marine Park,** Fort Bay, ☎ 🖷 63 295. Tauchgänge bieten drei qualifizierte lokale Veranstalter an.

Sint Eustatius

The Golden Rock – „goldener Fels" wurde das niederländische Sint Eustatius (kurz: Statia) im 18. Jh. genannt, weil es als wohlhabendster Handelsplatz Westindiens galt. Seit 1781 Engländer die Insel plünderten, können ihre Bewohner von glanzvollen Zeiten nur träumen. Dafür schwören die wenigen Touristen auf die friedliche Stimmung und Statias Naturschönheit.

In **Oranjestad,** dem einzigen Ort der Insel, kann man auf einem ausgeschilderten Rundweg vergangener Pracht nachspüren. Im *★ Historisches Museum* (auch *Simon Docker House*) werden indianische Artefakte sowie Dokumente aus St. Eustatius' „goldenem Zeitalter" präsentiert, im Fort die Kolonialzeit. Für Taucher höchst attraktiv sind die *Wracks* gesunkener Frachtschiffe nahe den bröckelnden Kaimauern, zum Baden eignet sich der dunkle Sandstrand *Oranje Beach* nördlich davon.

Im Süden erhebt sich der erloschene Vulkankrater **★The Quill.** In drei bis vier Stunden ab Oranjestad sind – gutes Schuhwerk vorausgesetzt – der höchste Punkt, *Mount Mazinga* auf 600 m, und der Regenwald im Krater erreichbar.

🛈 Oranjestad, ☎ 🖷 82 433.

🛫 **Roosevelt Airport** (Taxis). St. Maarten, Saba, St. Kitts, Nevis.

🏠 **Talk of the Town,** Oranjestad, ☎ 82 236, 🖷 82 640. 20 Zi. in komfortablen Cottages, am Stadtrand. $⟩

King's Well, Oranje Beach, ☎ 🖷 82 538. Freundliches Strandhotel. $⟩

🏠 **L'Etoile,** Oranjestad, ☎ 82 299. Einfache, kreolische Küche. $⟩

St. Kitts and Nevis

Erst seit 1983 sind die Schwesterinseln St. Kitts (eigentlich St. Christopher) und Nevis unabhängig. Ihre Geschichte weist jedoch frühere Höhepunkte auf: Von St. Kitts aus besiedelten Franzosen und Engländer seit 1623 die ganze Region, weshalb die Insulaner gerne von der „karibischen Mutterkolonie" sprechen. Nach der Besitznahme durch England (1783) gelangten die Pflanzer dank Zuckerrohr und Tabak zu jenem Wohlstand, der sich in den vielen prächtigen *Estate Houses* manifestiert.

St. Kitts: Der zentrale Platz der Hauptstadt **Basseterre** (21 000 Einw.) ist *The Circus* mit dem viktorianischen Brunnen und Uhrturm des *Thomas Berkley Memorial.* Östlich schließt sich der schattige *Independence Square* an, während zum Hafen hin der koloniale Kuppelbau des *Treasury Building* und die *Pelican Shopping Mall* mit ihren modernen Geschäften (zollfreie Waren) den Blick auf sich ziehen. Das Hotelzentrum der Insel entstand in den letzten Jahren im flachen, regenarmen Süden rund um die Badestrände der **South Frigate Bay** und **Mosquito Bay.** Die halbtägige Rundfahrt durch den Nordteil sollte einen Besuch der indianischen Felsenmalereien bei **∗Wingfield Estate** und von **∗∗Brimstone Hill Fortress** einschließen. An dieser wuchtigen Festung, auch als „Gibraltar Westindiens" bekannt, bauten Sklaven ab 1690 mehr als hundert Jahre lang. Durch Fischerdörfer und Zuckerrohrfelder führt die Straße um die Nordküste zu den zerklüfteten **∗Black Rocks.** Sie entstanden aus einem erstarrten Lavastrom. Durch den Regenwald am 1156 m hohen Krater des **∗∗Mount Liamuiga** werden Touren organisiert.

ℹ Pelican Mall, Basseterre,
☎ 465-4040, 📠 465-8794.
✈ **Bradshaw Intl.,** nördl. Basseterre (Taxis). Antigua, St. Maarten u. a.
⛴ Nevis, mehrmals täglich.
🏨 **Jack Tar Village,** Frigate Bay,
☎ 465-8651, 📠 465-1031. Modernes

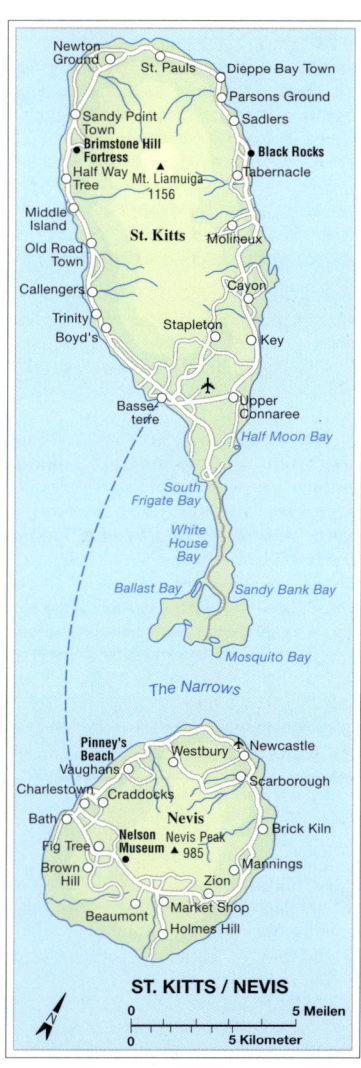

Seite 57

ST. KITTS / NEVIS

0 ——————— 5 Meilen
0 ——————— 5 Kilometer

All-inclusive-Resort mit Kasino. $)
The Golden Lemon Inn, Dieppe Bay,
☎ 465-7260, 📠 465-4019. Exklusive
Villen um altes Plantagenhaus. $)
Rawlins Plantation, ☎ 465-6221,
📠 465-4954. Einsam gelegenes
Kolonialhaus mit 10 Bungalows. $)
Ocean Terrace Inn, Fortlands,
☎ 465-2754. Blick über die Bucht,
westind. Küche, Showprogramme. $)
🏚 **Ballahoo,** The Circus, Basseterre,
☎ 465-4197. Beliebtes Fischlokal. $)
The Georgian House, Independence
Square., Basset., ☎ 465-4049. Feine
Küche in traditionsreichem Haus. $)
Sport: **Regenwald–Touren** mit Greg's
Safaris, ☎ 465-4121. **Golf:** Royal St.
Kitts Golf Course, Frigate Bay.
Einkaufen: **Caribelle Batik,** Romney
Manor, Verkauf Mo–Fr 8.30–16 Uhr.

Nevis: Die Fähre aus St. Kitts legt direkt
im Zentrum der Hauptstadt **Charlestown** (1800 Einw.) an. Nur ein paar
Schritte trennen den Pier vom Markt-
platz, der vor allem Samstag morgens
geschäftig wird. Historische Attraktion
ist das *Alexander Hamilton House.* Hamilton, ein Weggefährte George Wash-
ingtons und erster Finanzminister der
USA, kam 1755 oder 1757 in dem Gebäude zur Welt. Das Museum enthält
antike Möbel, verstaubte Folianten und
Dokumente aus dem 18. und 19. Jh. An
den Ruinen von Fort Charles vorbei gelangt man zum ehemaligen Heilbad
The Bath Hotel, dessen heiße Schwefel-

quellen im 18. Jh. sogar die rheumage-
plagte High Society aus dem fernen
England anzog. Badehaus und Quellen
sind zeitweise zugänglich; für die Renovierung des Hotels fehlen die Mittel.

In der Inselmitte thront der meist wol-
kenverhangene **Nevis Peak** (985 m), mit
dessen Anblick Kolumbus einst ver-
schneite Alpengipfel assoziierte – weshalb er auf den Namen *Nuestra Señora
de las Nieves* („Jungfrau vom Schnee“)
verfiel. Einmal rundherum schafft man
es mit dem Wagen in drei Stunden,
wenn nicht die herrliche Palmenidylle
von ★ **Pinney's Beach** (nördl. Charlestown) oder ein gemütlicher *Planter's
Punch* in einem der vielen *Great Houses* (s. Hotels) unterwegs aufhalten. Un-
bedingt sehenswert ist jedenfalls noch
das ★ **Nelson Museum** auf dem Grund
der *Morning Star Plantation:* Mit viel
Liebe zum Detail wurden dort Dokumente zu Leben und Amouren des See-
helden zusammengetragen (s. S. 63).

❶ Main Street, Charlestown,
☎ 469-1042, 📠 469-1066.
✈ **Newcastle Airport,** 11 km nördl.
Charlestown; Taxis. St. Kitts, Antigua.
⛴ Basseterre, St. Kitts.
🏚 **Four Seasons Resort,** Pinney's Beach,
☎ 469-1111, 📠 469-1112. Großzügige
Zimmer und Suiten, herrlicher Golf-
platz, Tauchbasis, idealer Strand. $)
Nisbet Plantation Beach Resort, New-
castle, ☎ 469-9325, 📠 469-9864.
Moderner Komfort, kolonialer Charme.
Nelsons Frau wuchs hier auf. $)
Croney's Old Manor Estate, Ginger-
land, ☎ 469-3445, 📠 469-3388.
Restaurierte Plantage von 1690, an
den Hängen des Nevis Peak. $)
Montpellier Plantation Inn, Charles-
town, ☎ 469-3462, 📠 469-2932.
Wo Nelsons Hochzeit feierten. $)
Yamseed Inn, Newcastle, ☎ 469-9361.
Nettes Bed & Breakfast. $)
🏚 **Muriels Cuisine,** Happy Hill Drive,
Charlestown, ☎ 469-5920. Boden-
ständige westindische Küche. $)
Miss June's, Stoney Grove Plantation,
☎ 469-5330. Karib. Buffet in Planta-
genhaus. Nur mit Reservierung. $)

St. Kitts and Nevis

St. Kitts 168 km², 36 000 Einw.;
Nevis 93 km², 10 000 Einw.;
Sprache: Englisch; Währung: EC $.
Wirtschaft: BSP 3990 US $.
Attraktionen und Sport: Imposante Festung, historische Hotels,
erloschene Vulkane, Strände.
★★★ Golf, ★★ Wandern, ★★ Fischen.
❶ Walter-Kolb-Str. 9–11,
60594 Frankfurt/M.,
☎ (0 69) 96 21 64 13, 📠 61 06 37.

Montserrat

Ruhe, kleinere Hotels und grüne Landschaft, ideal zum Wandern und Aus-
spannen: dies *waren* die diskreten Vor-
züge der Insel (60 km²), denn 1995 begann der Vulkan Soufrière verrückt zu
spielen. Wann die britische Kronkolonie zur Normalität zurückkehren kann,
steht vorerst in den Sternen. Die
schönsten der schwarzsandigen Strände Montserrats liegen im Nordwesten,
z. B. an der *Little Bay* und an der *Rendezvous Bay.*

❶ The West India Committee,
Lomerstr. 28, 22047 Hamburg,
☎ (0 40) 6 95 88 46, 🖷 3 80 00 51.

*Nur eines von vielen Hotels im
Plantagenstil auf Nevis*

Katastrophe auf Raten

Juli 1995: Nach 400 Jahren meldet sich
der Vulkan Soufrière urplötzlich wieder
zurück. Mit Grollen, Rauchwolken und
heißer Asche. Geologen und Vulkan-
Experten eilen aus aller Welt herbei,
um das Ausmaß des bevorstehenden
Ausbruchs abzuschätzen. Bald sind sich
die Fachleute einig: Der „große Knall"
wird kommen, wenn auch noch nicht
sofort. Die südlichen zwei Drittel Montserrats werden zum Notstandsgebiet
erklärt, die meisten der 11 000 Insulaner müssen ihre Häuser verlassen.

Vulkanische Aktivität ist in der Karibik
ein bekanntes Phänomen. 1902 starben
beim Ausbruch des Mont Pelée auf
Martinique 30 000 Menschen, 1979
mußten die Bewohner von St. Vincent
Reißaus vor dem Gas und Asche spuk-
kenden Soufrière nehmen. Vor allem
auf den östlichen Inseln blubbert und
kocht es unablässig aus Schwefelquellen und Vulkanseen, so auch auf Dominica, St. Lucia und Guadeloupe. Die Un-
ruheherde beziehen ihre gewaltige Energie von Bewegungen in der Erdkruste.
Der Inselbogen der Antillen markiert
recht exakt den Verlauf der „Karibischen Platte", unter die sich von Nordosten allmählich die Amerikanische

Platte schiebt. Entlang dieser Linie, rag-
ten vor 50 Mio. Jahren die „Karibischen
Anden" empor, die eine Landbrücke von
Süd- nach Nordamerika bildeten. Die
Spitzen des versunkenen Gebirges sind
die heutigen Vulkane.

Nur kurz währte die Verschnaufpause
auf Montserrat. Im April 1996 muß die
Hauptstadt Plymouth wegen des Asche-
regens aufgegeben werden. Wenig später setzen Lavaströme die Stadt in
Brand, die Holzhäuser im Zentrum fan-
gen sofort Feuer. Am 25. Juni 1997 kommen mindestens 10 Menschen im Norden um, weil sie sich unerlaubt in einer
geräumten Zone aufhalten. Dennoch
blicken die Insulaner wieder mit Zuver-
sicht in die Zukunft. Großbritannien hat
rasche finanzielle Hilfe für den Wieder-
aufbau zugesagt, und auch die britische
Popszene trägt dazu bei: Ein Benefiz-
konzert fand in London statt. Viele Su-
perstars von Eric Clapton bis Mick Jagger kennen die Insel gut, haben sie doch
in den berühmten „Montserrat Air Studios" einige ihrer besten Platten einge-
spielt. Ein passender Name für die neue
Hauptstadt im Inselnorden ist übrigens
schon gefunden: Port Diana, zu Ehren
der 1997 verstorbenen Prinzessin.

Antigua und Barbuda

Wieviele Strände hat das Jahr?

Ob man auf Antigua tatsächlich unter 365 Stränden – einen für jeden Tag – auswählen kann, haben die Werbestrategen im Verkehrsamt vermutlich selbst noch nicht ausprobiert. Einige Sandkörnchen Wahrheit mögen dem oft zitierten PR-Gag aber schon anhaften: Wer alle versteckten Buchten entlang der sonnensicheren Küsten inspizieren will, braucht sicher mehr als zwei Wochen Urlaub – und das nicht nur, weil es unterwegs kaum Wegweiser gibt. Neben außergewöhnlich schönen Badeplätzen bietet die Insel dem Besucher auch einen Hauch kolonialer Atmosphäre. In English Harbour, wo sich alljährlich Ende April / Anfang Mai die Jachtelite zur traditionellen Sailing Week trifft, ankerte einst Lord Nelsons Antillen-Armada. Da zudem viele innerkaribische Flüge hier beginnen, kommen Inselhüpfer um Antigua ohnehin kaum herum.

Geschichte – Gesellschaft

Als Kolumbus 1493 die Insel nach der Kirche Santa María de la Antigua in Sevilla benannte, trug sie bereits den indianischen Namen *Wadadli* – heute zumindest als lokale Biermarke wieder in aller Munde. Die wirtschaftliche Existenzgrundlage der einstigen Flottenbasis der Engländer bildete in der Kolonialzeit das Zuckerrohr. Anders als auf St. Kitts & Nevis sind jedoch kaum Plantagenhäuser erhalten. Wie viele Nachbarstaaten leben Antigua & Barbuda (seit 1981 unabhängig) jetzt fast ausschließlich vom Tourismus, während Landwirtschaft und Fischerei trotz

Subventionen weitgehend brachliegen. Die seit 1951 regierende *Antigua Labour Party* (ALP) des Premiers Lester Bird (zuvor V. C. „Papa" Bird) macht in der Karibik bislang vor allem mit Korruptionsaffären Schlagzeilen.

St. John's (38 000 Einw.), Hauptort und wichtigster Hafen, ist eine Stadt mit zwei Gesichtern: Wo die Kreuzfahrtschiffe anlegen, sind am *Heritage Quay* und *Redcliff Quay* in früheren Lagerhäusern adrette Duty-free-Passagen entstanden. Echt westindische Betriebsamkeit erfährt man dagegen auf dem ★ Obst- und Gemüsemarkt (besonders Fr und Sa morgens) am Südende der *Market Street*. Daß das Tourismusgeschäft nicht allen Insulanern Wohlstand bringt, beweist ein Blick in die ärmlichen Außenbezirke im Süden – in Sichtweite liegen die schwimmenden Luxushotels vor Anker.

Das ★ *National Museum* im alten Gerichtsgebäude (Ecke Market/Long St.) präsentiert eine Sammlung zu geologischen und historischen Themen sowie eine Steeldrum zum Probieren. ◷ Mo–Fr 8.30–16, Sa 10–14 Uhr.

Entlang farbenfroher Holzhäuser in der *Church Street* gelangt man zur anglikanischen *St. John's Cathedral*. Die erste, hölzerne Gotteshaus stand dort bereits 1682, der heutige Bau stammt aus dem Jahr 1848. Auf dem schattigen

---

Antigua · Barbuda

442 km², 66 000 Einw.;
Landessprache Englisch;
Währung: East Caribb. Dollar (EC $).
Wirtschaft: BSP 5980 US $.
Attraktionen und Sport:
Herrliche Strände, historische Orte.
★★★ Baden, ★★★ Segeln,
★★ Schnorcheln und Tauchen,
★★ Surfen, ★ Golf.
❶ Thomasstr. 11, 61348 Bad Homburg, ☏ (0 61 72) 2 15 04, 🖷 2 15 13.

Seite 61

Friedhof lassen sich noch einige Grabinschriften aus dem 18. Jh. entziffern.

Nordwestlich von St. John's, jenseits der Ruinen von *Fort James* (an der Hafeneinfahrt), beginnen jene blendend weißen Sandstrände, die das wertvollste Kapital Antiguas darstellen. * **Runaway Bay** und * **Dickenson Bay** heißen die bevorzugten Standorte der Ferienhotellerie. Im äußersten Norden verstellen Villen den Zugang zum Meer; davor entfaltet auf der vorgelagerten Privatinsel *Long Island* das sündteure **Jumby Bay Resort** (☎ 462-6000, 🖷 462-6020) seine einsame Pracht.

In Parham, an der rauheren Atlantikseite gelegen, siedelten 1632 die ersten Kolonisten. Sehenswert ist dort die achteckige *St. Peter's Church* (1840). Inmitten trockener,

In frischen Farben leuchten die Fassaden der alten Holzhäuser in St. John's

brauner Buschlandschaft, nahe der Ortschaft Pares, erinnern die restaurierten Überreste von ***Betty's Hope Plantation** (1670) an die blühende Zuckerindustrie von einst (kleines Museum, 🕐 Di–Sa 10–16 Uhr). Durch das friedlich dösende Dorf Willikies gelangt man bis *Long Bay,* einem bei Einheimischen beliebten Ausflugsziel, und zur **Devil's Bridge,** einer Naturbrücke aus schroffen Kalkfelsen.

Seite 61

Hügelig und etwas grüner präsentiert sich der Süden Antiguas. Auf der *All Saints Road* gelangt man von der Hauptstadt schnell via Liberta, einer 1834 von befreiten Sklaven gegründeten Siedlung, nach ****English Harbour** (18 km). In der geschützten Bucht vor der Halbinsel *Middle Ground* errichtete die britische Marine im 18. Jh. ihren wichtigsten, hurrikanfreien Stützpunkt. Die renovierte ehemalige Flottenbasis, heute ein exklusiver Jachthafen, zieht unter dem Namen ****Nelson's Dockyard National Park** viele Touristen an. Auf dem Gelände sind alte Pulvermagazine und Lagerhäuser in nostalgische Hotels, Restaurants oder kleine Museen umgewandelt worden. Wer über die historischen Hintergründe mehr erfahren will, sollte sich die 15minütige Multimediashow im *Dow's Hill Interpretation Centre* (auf der Strecke nach Shirley Heights) ansehen.

Den unübertroffenen Panoramablick über English Harbour und die ankernden Segeljachten genießt man von ****Shirley Heights.** Zusammen mit *Great George Fort* (Ruinen landeinwärts bei Falmouth) sicherte die nach Gouverneur Thomas Shirley benannte Bastion den Hafen gegen mögliche Angreifer. Auf dem nahen Gräberfeld erinnert ein Obelisk an jene zahlreichen Soldaten, die hier ohne jede Feindberührung an Tropenkrankheiten starben. Sonntags treffen sich nun auf der ****Aussichtsterrasse** *The Lookout* Einheimische und Touristen zum fröhlichen Barbecue mit Live-Musik (15–18 Uhr Steelband, 18–21 Uhr Reggae, 🕿 460-1785).

Zur Südwestküste schlängelt sich ca. 1 km nördlich von Liberta der schmale und holprige **Fig Tree Drive* („Bananenstauden-Weg", denn kleine Bananen heißen hier *figs*) durch Reste tropischen Waldes. Palmenhaine und verschlafene Fischerdörfer begleiten die Fahrt am Meer entlang nach Norden, in Sichtweite liegt *Boggy Peak* (402 m), der höchste Hügel Antiguas. Unterwegs bieten sich herrliche Bademöglichkeiten an der Carlisle Bay (beiderseits des *Curtain Bluff Resort*) sowie am stilleren ***Darkwood Beach,** wo bislang nur ein populäres Strandlokal Besucher bewirtet. Mehr Trubel und ein internationales Publikum findet man hingegen in Richtung St. John's, an Hawksbill Beach und ****Jolly Beach.**

———

Barbuda (1500 Einw.; einziger Ort: Codrington), 40 km nördlich von Antigua, ist eine flache, von Riffen und Mangrovenlagunen umgebene Koralleninsel. In Vogelschutzgebieten nisten weitgehend ungestört jedes Jahr etliche Tausende Fregattvögel. Die schier endlosen, rosa schimmernden Strände eignen sich hervorragend zum Schwimmen und Tauchen. Tagestouren mit LIAT-Flügen vermitteln Reisebüros.

❶ Nevis Street/Friendly Alley, St. John's, 🕿 462-0029, 🖷 462-2483.
🖅 **V. C. Bird,** 8 km von St. John's (Taxis). Sehr gute internationale und innerkaribische Verbindungen.

🏨 **St. James Club,** Mamora Bay, 🕿 460-5000, 🖷 460-3015. Weitläufige Luxusanlage, ideal für Sportler: Tauchen, Tennis, Segeln, Reiten. $⟩⟩
Halcyon Cove Beach Hotel, 🕿 462-0256, 🖷 462-0271. Gepflegte Anlage an der bekannten Dickenson Bay. $⟩⟩
Pinapple Beach Club, 🕿 463-2006, 🖷 463-2452. All-Inclusive-Resort an der Ostküste. $⟩⟩
The Copper & Lumber Store, English Harbour, 🕿 460-1058, 🖷 460-1529. Sehenswertes Nostalgiehotel in altem Lagerhaus. Gute Küche. $⟩⟩

Admiral's Inn, English Harbour, ☎ 460-1153, 📠 460-1534. Historischer Backsteinbau mit antiker Einrichtung. Ⓢ
Murphy's Apartments, All Saints Road, St. John's, ☎ 461-1183. Freundliche, persönliche Atmosphäre im gepflegtesten Bed & Breakfast Antiguas. Ⓢ

Ⓡ **Colombo's,** Galleon Beach Club. English Harbour, ☎ 460-1452. Italienische Spezialitäten mit westindischem Touch. Mittwochs Live-Reggae. ⓈⓂ
Calypso, Upper Redcliffe St., St. John's, ☎ 462-1965. Gute Inselküche; zu empfehlen: *Fungi.* Ⓢ

Abends: **Spielkasino** im Heritage Quay/St. John's; Bars und Restaurants in **English Harbour,** z. B. The Lookout (s. S. 62), Abracadabra, Colombo's. Party-Piraten-Kreuzfahrt auf der **Jolly Rogers,** ☎ 462-2064.

Kricket: von wegen Rasensport!

Paradeblick von Shirley Heights auf English Harbour

Lord Nelson: Ein Heldenleben

Von der Nelson-Säule auf Londons Trafalgar Square bis Nelson's Dockyard in Antigua: Kaum ein zweites ungekröntes Haupt wurde so häufig auf öffentlichen Plätzen des einstigen British Empire verewigt wie Lord Horatio Nelson (1758–1805). Die Laufbahn des adligen Seebären begann in Westindien. Als 19jähriger diente er in Port Royal (Jamaika), mußte aber 1780 wegen eines tropischen Fiebers in die Heimat zurückkehren. Als Kommandant einer Fregatte wurde Nelson später in das Flottenhauptquartier English Harbour (Antigua) versetzt. Beim Auffrischen von Wasservorräten auf der Nachbarinsel Nevis lernte er 1787 die wohlhabende Arztwitwe Frances Nisbet kennen, sie heirateten und gingen nach England. Die Ehe verlief jedoch wenig romantisch: Nelson zog aus, um feindliche Schiffe zu versenken, und opferte dem Vaterland 1794 ein Auge, 1797 den rechten Arm. Der lädierte Admiral wandte sich bald darauf einer Geliebten zu: Lady Emma Hamilton. In die Karibik verschlug es Nelson nur noch einmal, als er im Juni des Jahres 1805 vor Barbados die französische Flotte verfolgte. Schon am 21. Oktober hatte die Jagd bei Trafalgar (Südspanien) ein Ende: Der Erzfeind wurde vernichtet, Nelson fand seine Bestimmung und fiel als Held.

Guadeloupe Martinique

La vie en rose auf karibisch

Milde Nachtluft, Meeresrauschen und ein exotisches Dinner im Mondlicht: Feinschmecker schwören, daß diese Mischung am besten auf Guadeloupe und Martinique gelingt. Tatsächlich gehen auf den Französischen Antillen Küche und Lebensart der „Grande Nation" eine einzigartige Verbindung mit karibischer Atmosphäre ein. Neben französisch-kreolischen Gourmettempeln zählen Hotels im Plantagenstil, luxuriöse Strandresorts und tropische Nationalparks zu den starken Seiten der Inseln.

Geschichte – Gesellschaft

Nach der „Entdeckung" durch Kolumbus versuchten die Spanier vergeblich, auf den Inseln Fuß zu fassen. Erst nach 1635 gelang es französischen Siedlern, den Widerstand der Kariben zu brechen. Im 18. Jh. rannte England gegen die Bastionen des Erzfeindes an, und Martinique geriet 1794–1800 in britischen Besitz. Seit 1946 sind beide französische Départements mit vollem Stimmrecht in der Nationalversammlung. Ihren relativ hohen Lebensstandard verdanken die Antillaner nicht nur dem florierenden Tourismusgeschäft und EU-garantiertem Bananenabsatz, sondern vor allem den großzügigen Subventionen aus Paris. Vor allem weiße Kreolen *(békés)* und zugewanderte Festlandsfranzosen *(métros)*, aber zunehmend auch die schwarze Bevölkerungsmehrheit profitieren von sicheren Beamtenjobs mit attraktiven Überseezuschlägen. Kein Wunder, daß sich das Miteinander der Rassen äußerst friedlich gestaltet.

Guadeloupe

＊Pointe-à-Pitre (30 000 Einw.), die wichtigste Stadt auf Guadeloupe, liegt zwischen den „Flügeln" der schmetterlingsförmigen Insel. Das Zentrum des lauten, verkehrsreichen Handelsplatzes erstreckt sich rund um den Hafen *La Darse,* wo pausenlos Frachter und Fischerboote an- und ablegen. Ihre Produkte werden unmittelbar an den Kais oder in der gußeisernen **＊＊** *Markthalle (Marché)* neben Obst, duftender Vanille und Zimt sowie allerhand Zaubermitteln gegen Armut, Unglück oder Impotenz feilgeboten. An den auf Guadeloupe geborenen Dichter und Nobelpreisträger *Saint-John Perse* (1887–1970) erinnert ein nach ihm benanntes Museum im prächtig renovierten Stadthaus Nr. 9, Rue Nozières.

An der Atlantikküste östlich der Stadt haben sich die Orte **Gosier** (Jachthafen), **Ste-Anne** und **St-François** (**＊＊** Strände, Golfplatz) die touristischen Spitzenplätze erobert. Das Hinterland der trockeneren Inselhälfte *Grande-Terre* prägen weite Zuckerrohrfelder und sanfte Hügel. Bei **Le Moule** (Badestrände) stehen noch Reste eines Forts; von den Kämpfen gegen Kariben und Engländer künden die Gräber gefallener Siedler. An der **＊** *Pointe de la Grande Vigie* erschließt ein Pfad die rauhe Klippenlandschaft. Besser zum Baden eignet sich das Meer bei Anse Bertrand und Port Louis, z. B. an der **＊** *Anse du Souffleur.*

Die landschaftlich reizvollere Inselhälfte ist *Basse-Terre,* dessen Szenerie weitläufige Bananenplantagen und dichte Tropenwälder prägen. Man verläßt zunächst Grande-Terre auf der Schnellstraße über den Meeresarm Rivière Salée, dann zweigt die Küstenstraße nach Süden ab. Bei Sainte-Marie trieben respektlose Kariben 1493 Kolumbus zurück ins Wasser. Von *Saint-Sauveur* reicht eine 5,5 km lange Straße zu den Parkplätzen nahe den **＊＊ Chutes du Carbet.** Zu den drei imposanten, teils aus heißen Quellen gespeisten Wasserfällen gelangt man auf einem Pfad durch tropischen Regenwald (20 Min. zur ersten, 2 Std. zur letzten Kaskade).

Bei **Trois Rivières** zeugen geheimnisvolle Felsmalereien im *Parc Archéologique des Roches Gravées* von der ausgelöschten Indianerkultur. Das beschauliche **Basse-Terre** (16 000 Einw.) ist Verwaltungssitz des Départements und Haupthafen für den Bananenexport. Am Südrand sicherte *Fort St-Charles* (1650) einst die Stadt vor Angreifern (kleines Museum). Über den Vulkan *La Soufrière* (jüngste Eruption 1976/77) informiert die *Maison du Volcan* (6 km landeinwärts im Vorort St-Claude).

Seite 65

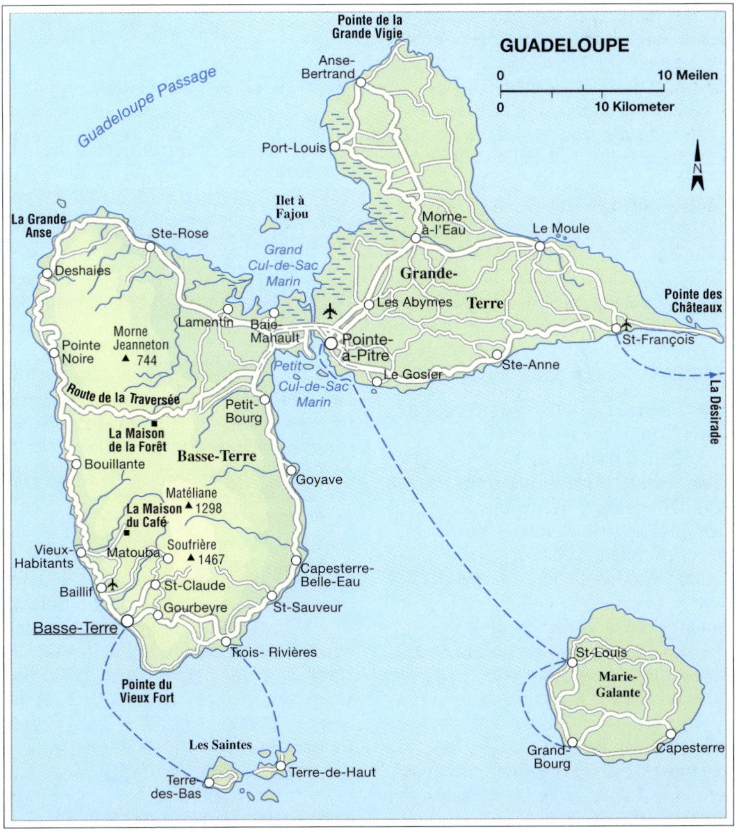

GUADELOUPE

0   10 Meilen
0   10 Kilometer

Guadeloupe Passage

Pointe de la Grande Vigie
Anse-Bertrand
Port-Louis
Ilet à Fajou
La Grande Anse
Ste-Rose
Deshaies
Grand Cul-de-Sac Marin
Morne-à-l'Eau
Le Moule
Morne Jeanneton ▲ 744
Pointe Noire
Lamentin
Baie Mahault
Grande-Terre
Les Abymes
Pointe des Châteaux
St-François
Route de la Traversée
Pointe-à-Pitre
Le Gosier
Ste-Anne
La Désirade
Petit Cul-de-Sac Marin
La Maison de la Forêt
Bouillante
Petit-Bourg
Basse-Terre
Goyave
Matéliane ▲ 1298
La Maison du Café
Vieux-Habitants
Matouba
Soufrière ▲ 1467
Capesterre-Belle-Eau
Baillif
St-Claude
Gourbeyre
St-Sauveur
Basse-Terre
Trois-Rivières
Pointe du Vieux Fort
St-Louis
Marie-Galante
Les Saintes
Terre-des-Bas
Terre-de-Haut
Grand-Bourg
Capesterre

Der Vulkan selbst erhebt sich im ****Parc Naturel de la Guadeloupe,** einem Nationalpark von ungewöhnlicher Schönheit. Ausgangspunkt für den steilen Anstieg (ca. 2,5 Std.) zum 1467 m hohen Gipfelfeld am *Pic de la Découverte* ist der Parkplatz Savane à Mulets. Beschreibungen anderer Wanderwege *(traces)* hält das Verkehrsamt bereit. Empfehlenswert ist z. B. die Gipfeltour entlang der *Trace Victor Hugues,* beginnend bei Petit Bourg (ca. 9 Std.). In der Höhe kann es erstaunlich kühl und feucht werden!

Nördlich von Basse-Terre lohnt sich der Abstecher zur ***Maison du Café „La Grivelière",** wo auf dem Grund einer historischen Plantage noch Kaffee produziert wird (Restaurant, Führungen). Den bequemsten Zugang zum *Parc Naturel* bietet die 18 km lange Paßstrecke ****Route de la Traversée.** Die höchsten Punkte der Route heißen *Les Mamelles* („Die Brüste") und gewähren wunderbare Ausblicke. Auf halbem Weg zwischen West- und Ostküste gibt die ***Maison de la Fôret** Auskunft über das sensible Ökosystem „Regenwald" und stellt auf kurzen Lehrpfaden charakteristische Pflanzen vor. Ideale Badestrände verführen an der Nordküste bei Pointe Noire und Deshaies zum Aufenthalt, während in Ste-Rose die **Distillerie Séverin** zur Rumprobe bittet.

❶ 5, Square de la Banque, Pointe-à-Pitre, ☎ 82 09 30, 📠 83 89 22.
✈ **Pôle Caraibes,** nördl. Pointe-à-Pitre (Taxis). USA, Frankreich, Karibik.
⛴ Dominica, Martinique.
🚌 Inselorte ab Pointe-à-Pitre.
🏨 **Le Méridien,** St-François, ☎ 88 51 00, 📠 88 40 71. Legerer Luxus, Tauchbasis, viel Sport. Ⓢ〉〉
Auberge de la Vielle Tour, Gosier, ☎ 84 23 23, 📠 84 33 43. Um alte Windmühle. Sehr gute Küche. Ⓢ〉〉
Novotel Fleur d'Épée, Gosier, ☎ 90 81 49, 📠 90 99 07. Praktisches, hübsches Strandhotel. Ⓢ〉
Le Domaine de Petite Anse, Bouillante, ☎ 98 78 78, 📠 98 80 28. Gepflegte Holzbungalows. Ⓢ〉

🏨 **Le Château de Feuilles,** Anse Bertrand, ☎ 22 30 30. Edle Grillgerichte und reiche Cocktailauswahl. Ⓢ〉〉
La Plantation, Gosier, ☎ 90 84 83. Franz.-kreolische Küche. Ⓢ〉〉
Karacoli, Deshaies, ☎ 28 41 17. Inselspezialitäten direkt am Meer. Ⓢ〉

Abends: Spielkasinos und Nachtklubs in Grande-Terre, z. B. **Le Zenith** (Gosier) und **Le 7ème Sens** (St-François). *Einkaufen:* **Domaine de Valombreuse,** Petit-Bourg. Idyllisches Blumengut mit netten Geschäften.

Tauchen: Der **Meerespark Ilet Pigeon** (bei Bouillante) wurde von J. Cousteau eingerichtet. **Les Heures Saines,** Pigeon, ☎ 98 86 63. *Touren* und *Mountainbiking* in Basse-Terre: **Alizés Leader Tours,** Mahault, ☎ 26 61 32.

Ausflüge im Archipel

Marie Galante (16 000 Einw., Hauptort Grand-Bourg), einst als „Insel der 100 Zuckermühlen" bekannt, erfreut sich aufgrund seiner weißen Sandstrände (bei Vieux Fort und St-Louis) wachsender Beliebtheit bei Touristen. Die Rumsorte *Père Labat* gilt als exquisit.
❶ Passages des Braves, Grand-Bourg, ☎ 97 81 97, 📠 97 81 90.
⛴ ✈ Pointe-à-Pitre.
🏨 Einfache Hotels.

La Désirade (1700 Einw.; Hauptort Grande-Anse), im 19. Jh. Leprakolonie, führt sein angenehm trockenes Klima und den langen Badestrand von Grande-Anse als Pluspunkte an.
❶ ☎ 20 01 76.
⛴ ✈ Pointe-à-Pitre.
🏨 Pensionen.

Von den neun **Îles Les Saintes** (3100 Einw.; Hauptort Terre de Haut) wird meist das landschaftlich reizvolle *Terre de Haut* besucht. Unweit davon schossen sich 1782 in der „Battle of the Saints" 15 000 Engländer und Franzosen gegenseitig auf den Meeresgrund.
⛴ Basse-Terre, Trois Rivières.
✈ Pointe-à-Pitre.
🏨 Familiäre Unterkünfte.

Martinique

Fort-de-France (150 000 Einw.), die hektisch-betriebsame Inselmetropole, liegt in einer weiten Bucht, eingerahmt von bewaldeten Bergen. Rings um die stattliche Grünanlage *Place de la Savane,* die man nachts besser meidet, pulsiert das Leben in den Einkaufsstraßen, verstopfen morgens und abends die Beschäftigten der Firmenbüros im Zentrum Straßen und Bürgersteige. Im nahen ** Musée Départemental* ist die Abteilung für präkolumbische Kultur bemerkenswert. Als städtisches Wahrzeichen gilt der Glockenturm der 1978 restaurierten Kathedrale, die zuvor durch Feuer und Erdbeben mehrfach beschädigt wurde.

Vanille, Zimt und Früchte auf dem Markt in Pointe-à-Pitre

Die dem elsässischen Sklavenbefreier Victor Schœlcher (1804 bis 1893) gewidmete *Bibliothèque Schœlcher* renommierte 1889 als Antillen-Pavillon auf der Pariser Weltausstellung. Danach expedierte man den kuriosen Bau mit seinen Majolikafliesen und ägyptischen Säulen hierher. Wie aus einer anderen Welt wirkt auch die Kirche *Sacré-Cœur de Balata,* eine verkleinerte Kopie des Pariser Originals in den Hügeln über Fort-de-France.

Guadeloupe: Farne und Vulkane

Das Touristenzentrum Martiniques erstreckt sich an den Stränden im Südwesten der Hauptstadt. Hotels und Restaurants geben vor allem ** Trois Îlets* Leben und Esprit. Dort kam die Napoleon-Gattin Joséphine (s. S. 68) auf der Plantage ** Domaine de la Pagerie* zur Welt (Museum, Mo geschl.). Vor der Küste bei Le Diamant, einem gepflegten Wohnort, liegt die winzige Insel ** Rocher du Diamant.* 1804 sollen 120 britische Kanoniere den nackten Felsen 18 Monate lang gegen die französische Übermacht verteidigt haben. Bei ** Ste-Luce* und **Ste-Anne** verbergen sich hinter dichter Vegetation idyllische Badebuchten, **Le Marin** ist der größte Jachthafen der Insel.

Seite 69

Guadeloupe · Martinique

Guadeloupe: 1438 km², 395 000 Ew. (mit Nachbarinseln). **Martinique:** 1102 km²; 380 000 Ew. Sprachen: Französisch, Creole; Währung: Französischer Franc (FF). **Attraktionen und Sport:** Französisch-kreolisches Ambiente, Regenwald in den Hochlagen, Gourmetlokale, Strände, Ausflüge zu vorgelagerte Inseln.
**** Wandern, *** Baden und Tauchen, ** Jachtcharter, * Reiten.
❶ Guadeloupe: Bethmannstr. 58, 60311 Frankfurt/M., ☎ (0 69) 28 33 15, ⊠ 28 75 44. Martinique: Maison de la France, Westendstr. 47, 60325 Frankfurt/M., ☎ (0 69) 97 59 04 97, ⊠ 97 59 04 99.

Seite
69

Eine kreolische Karriere

Nicht ohne Stolz gedenkt man auf Martinique der berühmtesten Tochter der Insel: Die schöne *Marie Josèphe Rose Tascher de la Pagerie* (1763 bis 1814), geboren auf der Zuckerplantage La Pagerie bei Trois Îlets, brachte es an der Seite Napoleon Bonapartes immerhin bis zur *Impératrice*, zur Kaiserin Frankreichs. Verheiratet war sie zuvor bereits mit dem adeligen Insulaner Vicomte de Beauharnais, der im revolutionären Paris 1794 auf der Guillotine endete. Die folgende Affäre mit einem weiteren Aristokraten ermöglichte Marie Josèphe Zugang zu noblen Kreisen und die Bekanntschaft Napoleons. Dieser ehelichte 1796 die Kreolin und kürte sie bei seiner Krönung acht Jahre später zur Kaiserin Joséphine I. Weil sie ihrem Gatten jedoch keinen Thronfolger gebar, ließ der kleine Korse sich 1809 enttäuscht scheiden. Joséphine konnte ihren Titel behalten und sich mit dem Aufstieg ihrer Kinder aus erster Ehe trösten: Sohn Eugène wurde erfolgreicher Feldherr und Vizekönig von Italien, Tochter Hortense beglückte als Königin von Holland Bonapartes Bruder Louis mit einem Stammhalter, dem späteren Kaiser Napoleon III.

Salinenbecken – etwas abseits liegt der ****** Strand *Grande Anse des Salines* – säumen die Straße zur Südspitze und zur *** Savane des Petrifications,** wo Reste versteinerten Waldes aus dem Meer ragen. Die Kirche aus dem 18. Jh. weist den Weg in das hübsche Fischerdorf *Le Vauclin* (7000 Einw.) mit seinen drei Palmenstränden. Wanderwege führen zum erloschenen Vulkan Montagne Vauclin (504 m), dessen Gipfel einen wunderbaren Rundblick über Kaffeepflanzungen und Meer gewährt. Bei Le François lohnt sich der Abstecher zur alten Zuckerrohrplantage und bekannten Rumbrennerei **Domaine de l'Acajou.**

Wunschvorstellungen vom tiefgrünen Tropenidyll erfüllt der Nordteil Martiniques. Bei ***** *Fond Capot,* einem herrlich gelegenen ruhigen Küstenstädtchen, zweigt eine Straße landeinwärts nach ***** *Morne-Vert* ab. Unterwegs öffnet sich ein perfektes Panorama der steil aufragenden und dicht bewachsenen *Pitons du Carbet* (1180 m) sowie der Montagne Pelée. Von der Schönheit dieses Fleckens ließ sich *Paul Gauguin* (1848–1903) inspirieren, als er 1887 fünf Monate lang in **Anse Turin** malte (2 km nördlich von Le Carbet, kleines *Musée Gauguin*).

* St-Pierre (6000 Einw.), einst „Klein-Paris" genanntes, mondänes Zentrum der französischen Karibik, versank am 7. Mai 1902 einem Ausbruch der Montagne Pelée in Schutt und Asche. Seither spricht man vom „Pompeji der Antillen", denn von rund 30 000 Einwohnern überlebte die Eruption nur ein Häftling namens Cyparis in seinem unterirdischen Kerker. Interessant ist das ***** *Musée Vulcanologique,* das mit geschmolzenen Löffeln, stehengebliebenen Uhren und anderen Schreckensdokumenten die Dimensionen der Katastrophe veranschaulicht.

Von St-Pierre schraubt sich eine Straße in die Berge bei *Morne-Rouge.* Wanderer starten hier zu der zweistündigen Tour auf den Vulkangipfel. *Info zu Wanderungen:* Bureau de la Randonnée, Rue Victor Hugo, Saint-Pierre, ☎ 78 30 77. Wer zur Montagne Pelée lieber mit respektvollem Abstand aufblickt, tut dies am besten in ***** *Fonds St-Denis;* die attraktive, kurvige **** Route de la Trace** führt zurück nach Fort-de-France. Die nördliche Küstenstraße endet in Le Prêcheur. Nur ein markierter Fußweg durch einsamen Buschwald (ab *Anse Céron,* 6 Std. Gehzeit) hält die Landverbindung zum abgeschiedenen Fischerdorf Grande Rivière aufrecht.

An der Ostküste liegt die landschaft-lich reizvolle ****Halbinsel (Presqu'île) Caravelle** mit den naturgeschützten Palmenstränden von Tartane. Sainte-Marie (19 000 Einw.) ist bekannt für die Zuckerplantage (17. Jh.) des franz. Dominikanermönchs Jean-Baptiste Labat (s. S. 18), das ***Monastère de Fond-Saint-Jacques.** Auf dem Gelände entstand ein Kulturzentrum. Ebenfalls sehenswert: das *Bananenmuseum* auf der Plantage *Habitation Limbé.*

Seite 69

❶ 26, Rue Ernest Deproge, Fort-de-France, ☎ 63 79 60, 📠 73 66 93.
✈ **Lamentin,** 15 km östl. FdF, Taxis. USA, Paris, Karibik.
⛴ Ab FdF: Dominica, Guadeloupe. Fähren zur Pointe du Bout/Trois Îlets.
🚍 Alle wichtigen Orte der Insel.

🏨 **Bakoua,** Pointe du Bout, Trois Îlets, ☎ 66 02 02, 📠 66 00 41. Nobles Urlaubsdomizil mit allem Komfort. Ⓢ
Habitation Lagrange, Marigot, ☎ 53 60 60, 📠 53 50 58. Hotel im Plantagenstil, abseits des Trubels. Ⓢ
Habitation Lafontaine, Le Marin, ☎ 74 82 49, 📠 74 96 09. Moderne Appartements oberhalb der Bucht. Ⓢ
Novotel, Le Diamant, ☎ 76 42 42, 📠 76 22 87. Lebhaftes Strandhotel für gehobene Ansprüche. Ⓢ
Gîtes ruraux: ❶ ☎ 73 67 92, 📠 63 55 92. Kette privater Gästehäuser auf der ganzen Insel. Ⓢ–Ⓢ

🍴 **La Grand'Voile,** Pointe Simon, FdF, ☎ 70 29 29. Fisch und raffinierte Meeresfrüchte direkt am Wasser. Ⓢ
La Plantation Leyritz, Basse Pointe, ☎ 78 53 92. Edle französisch-kreolische Kreationen auf restauriertem Herrensitz (auch 🏨). Ⓢ

Abends: Kasino in Schœlcher, 5 km nördl. FdF. Diskos in FdF, z. B. **New Hippo** (B. Allègre), **Bitaco** (R. Vilaine).
Einkaufen: **Centre des Métiers d'Art,** Rue Ernest Deproge, FdF, Kunsthandwerk. Shopping-Center La Galleria, Le Lamentin.
Sport: Golf: **L'Impératrice** (18 Loch), Trois Îlets, ☎ 68 32 81. *Reiten:* **Ranch Jack,** Trois Îlets, ☎ 68 37 69.

Oben ohne oder oben mit?
Bikini-Beratung an der
Grande Anse des Salines

MARTINIQUE

0   5 Meilen
0   5 Kilometer

Windward Islands

Winzlinge mit Charakter

Zu Recht verweisen die Bewohner der ehemals britischen Windward Islands gerne auf ihre nationale Unabhängigkeit und den individuellen Charakter jedes einzelnen Landes. Auch eiligen Besuchern werden Eigenarten und spezifische Urlaubsmöglichkeiten kaum entgehen: Dominica begeistert Wanderer und Naturfreunde mit wucherndem Urwald, Wasserfällen und Orchideenpracht. St. Lucia hat neben Vulkankegeln und tropischem Flair auch vorzügliche Hotels an Postkartenstränden zu bieten. Eher beschaulich geht es auf St. Vincent & The Grenadines zu. Und schließlich Grenada: Die Rundfahrt über die Muskatinsel führt durch Plantagen, Regenwald und stille Fischerdörfer.

Dominica

Weil Kolumbus die Insel an einem Sonntag des Jahres 1493 gesichtet haben soll, bedachte er sie mit dem lateinischen Wort für diesen Wochentag: Dominica. Nachdem sich Union Jack und Trikolore auf der „Sonntagsinsel" mehrmals abgewechselt hatten, wurde Dominica 1898 britische Kronkolonie und 1978 unabhängig. Der 1995 gewählte Premier Edison James gehört der *United Workers Party (UWP)* an und verdiente zuvor sein Geld als Manager im Bananen-Busineß. Verglichen mit mancher Nachbarinsel, erscheint das regenreiche und fruchtbare Dominica wie ein Garten Eden. Bananen, Grapefruits und Kokosprodukte sind die wichtigsten Exportartikel.

＊Roseau (11 000 Einw.), der Hauptort, hat den Charme einer typisch karibischen Kleinstadt. Im Zentrum überlebten zahlreiche Holzhäuser den katastrophalen Hurrikan „Hugo" von 1989 (s. S. 9). Weil es keine Sehenswürdigkeiten zum Abhaken gibt, sollte man einfach die gelassene Atmosphäre genießen und einige Blocks zwischen Queen Mary Street und Bay Street zu Fuß gehen. Die beiden Kirchen, eine katholische und eine anglikanische, stammen aus dem 19. Jh.; das alte *Fort Young* wurde zu einem gediegenen Hotel umgestaltet. Im *Old Market* am Meer residiert heute das Touristenbüro, während der Neue Markt (**＊＊** Sa morgens) nun an der Mündung des *Roseau River* stattfindet.

Am östlichen Stadtrand liegt der 1891 gegründete, etwas vernachlässigte ＊*Botanical Garden*. Sein Paradestück ist ein Bus, den Hurrikan „David" regelrecht niederwalzte. Auf der Straße entlang dem Roseau River (roseau – franz.: Schilf) gelangt man nach ca. 15 Min. zu den **＊Trafalgar Falls** (kurzer Fußweg), die 60 m tief von schwarz glänzenden Vulkanfelsen herabstürzen. Wo zusätzlich heißes Quellwasser austritt, erscheint das Gestein rostrot gefärbt. Wer über rutschige Felsen zu den Badeplätzen an der Kaskade steigen möchte, sollte sich von einem Einheimischen führen lassen.

Dominica

751 km², 75 000 Einw.;
Sprachen: Englisch, Franz.-Patois;
Währung: EC $.
Wirtschaft: BSP 2520 US $.
Höchster Gipfel: Morne Diablotins (1447 m).
Attraktionen und Sport: Abenteuer, Regenwald, Wasserfälle, Schwefelquellen, Kariben-Reservat.
＊＊＊ Wandern, **＊＊** Tauchen, **＊＊** Mountainbiking, **＊** Baden.
❶ **Dominica Tourist Office,** 1 Collingham Gardens, London SW5 0HW, ☎ (00 44–171) 8 35 19 37.

Die tropische Landschaft des **Morne Trois Pitons National Park** erschließen abwechslungsreiche Wanderrouten. Kurz vor der Ortschaft Laudat zweigt eine Piste (nur für Geländewagen) zum **Freshwater Lake** ab. Nahe dem idyllischen See beginnt der **Boeri Lake Trail** (feste Schuhe!), der in 45 Min. durch dichten Farnwald bergauf zu einem weiteren See, *Boeri Lake*, führt. Für die 8–10stündige Tour von Laudat zum **Boiling Lake** bedarf es guter Kondition sowie eines ortskundigen Führers. Unterwegs durchwandert man zunächst Regen- und Nebelwald, dann das *Valley of Desolation*. Im „trostlosen Tal" verhindern übelriechende Schwefelquellen fast allen Pflanzenwuchs; die vorherrschenden Farbtöne der mineralischen Ablagerungen sind Ocker und Graubraun. Ebenso lebensfeindlich wie faszinierend wirkt der „kochende See": Durch vulkanische Energie aufgeheizt, brodelt und blubbert die Oberfläche des ca. 600 m² großen Gewässers unablässig vor sich hin.

Quer durch den dampfig-feuchten Urwald im Hinterland führen zwei atemberaubend enge Landstraßen, eine zweigt am Canefield Airport ab, die andere in Layou. Nördlich von Pont Cassé verläuft die Strecke nach Marigot und zum **Carib Territory** (s. S. 73) durch weite Bananenpflanzungen.

Die kurvenreiche Fahrt entlang der **Nordostküste,** von Marigot nach Portsmouth, garantiert einzigartige Ausblicke auf schwarze Strände, Steilküste und dösende Fischerdörfer. **Portsmouth** (2500 Einw.), der zweitgrößte Ort Dominicas, verfügt seit 1991 über einen Kreuzfahrtpier an der *Prince Rupert Bay*. Nördlich davon liegen die dunkle *Purple Turtle Beach* und die Ruinen von *Fort Shirley* im *Cabrits National Park*. An der Mündung des **Indian River,** am südlichen Ortsrand, befahren Boote ein Labyrinth aus natürlichen Kanälen und Mangrovenwurzeln. Damit kein Motorenlärm die exotischen Wasservögel aufschreckt, empfiehlt sich der Ausflug im Ruder-

Seite 71

Schwarzer Strand bei Portsmouth

Zwischen dichtem Wurzelwerk windet sich der Indian River

boot, z. B. mit Andrew O'Brien, besser bekannt als *Cobra.*

Die Westküste, ruhiger und trockener als die dem Passat und der Atlantikbrandung ausgesetzte Ostseite, bietet einige Badeplätze, z. B. am Castaways Hotel bei St. Joseph. Einen Eindruck von den Regenwäldern der *Northern Forest Reserve* am Morne Diablotins (1447 m) gewinnt man auf dem 1 km langen ***Syndicate Nature Trail** (bei Dublanc). Am Südkap *Scott's Head* finden Taucher in der ***Soufrière Marine Reserve** ideale Reviere vor.

❶ Old Market, Roseau, ☎ 448-2186, 🖷 448-5840. Wegbeschreibungen für Wanderer bei: *Forestry & Parks Office,* Botanical Gardens, ☎ 448-2401.

✈ Canefield Airport, 5 km nördl. Roseau; **Melville Hall Airport,** 63 km nordöstl. Roseau (Taxis). Karib. Inseln. **⛴** Martinique, Guadeloupe.

🏨 Fort Young Hotel, ☎ 448-5000, 🖷 448-5006. Die beste Adresse in Roseau, in altem Fort. Ⓢ》
Castaways Beach Hotel, Mero Bay, ☎ 449-6244, 🖷 449-6246. An schönem, dunkelgrauen Sandstrand der Westküste; Tauchbasis. Ⓢ
Floral Gardens, Concord, ☎ 🖷 445-7636. Mitten im Wald; Tourenberatung, gute Küche. Ⓢ
Vena's Guesthouse, Cork Street, Roseau, ☎ 448-3286. Globetrottertreff in Jean Rhys' Geburtshaus mit einfachen, lauten Zimmern. Nettes Restaurant. Ⓢ

🏨 La Robe Creole, Victoria St. , Roseau, ☎ 448-2896. Inselküche in gediegener Atmosphäre. Ⓢ
Papillote Wilderness Retreat, Trafalgar Falls Rd., ☎ 448-2287. Idyllische Lage, auch Gästezimmer. Ⓢ》
Blue Max Café, Hannover St., Roseau, ☎ 449-8907. Feine Sandwiches und Capuccino, ideal fürs Frühstück. Ⓢ

Tip: Touren/Führer: **Ken's Hinterland Adventure Tours,** Roseau, ☎ 448-4850, 🖷 448-8486.
Tauchen/Mountainbiking: **Nature**

Island Dive, Soufrière, ☎ 449-8181, 🖷 449-8182.
Einkaufen: **Tropicrafts,** Queen Mary St. /Turkey Lane, Roseau. U. a. Korbwaren der *Carib Indians.*

Saint Lucia

Vermutlich sichteten europäische Seefahrer St. Lucia (sprich: sent lúscha) erst relativ spät im 16. Jh. Danach wehrten sich die Kariben zunächst mit Erfolg gegen jede Invasion. Franzosen konnten sich 1650 erstmals festsetzen. Die Insel wechselte anschließend mindestens fünfzehnmal zwischen den konkurrierenden Kolonialmächten hin und her, bevor sie 1814 endgültig unter britische Herrschaft geriet. Der seit 1979 unabhängige Staat setzt heute nicht mehr nur auf den traditionellen Bananenexport, sondern zunehmend auf Tourismus. Obwohl die boomende Ferienbranche das Bild stellenweise bereits stark prägt, begeistert St. Lucia seine Besucher noch immer mit tropischen Bilderbuchlandschaften und traumhaften Stränden.

Die Hauptstadt **Castries** (55 000 Einw.) hat außer der schönen Lage an der gleichnamigen Hafenbucht kaum Sehenswürdigkeiten aufzuweisen. Mit einem Großbrand versank 1948 alle koloniale Pracht in Schutt und Asche. Besonders Samstag vormittags sollte man die Innenstadt dennoch besuchen, alleine des quirligen und reichbestückten *Marktes* wegen (Ecke Jeremie/Peynier Street). Die einzige Ware, an der im modernen Bank- und Geschäftszentrum um den *William Peter Boulevard* stets Mangel herrscht, sind freie Parkplätze. Den Platz vor der Kathedrale, den ein 400jähriger Regenbaum *(saman tree)* beschattet, wurde nach dem auf St. Lucia gebürtigen Literatunobelpreisträger Derek Walcott benannt.

Die touristische Hochburg liegt im Nordwesten der Insel, bei Gros Islet an der weiten **Rodney Bay** (Jachthafen, Sandstrand ***** *Reduit Beach*). ***Pigeon Island** ist über einen Damm mit „Fest-

Seite 71

land" St. Lucia verbunden. *Fort Rodney* (1782) und ein kleines Museum erinnern an die Eroberungskämpfe der Kolonialzeit: Von hier lief 1782 die Flotte des britischen Admirals Rodney zur *Battle of the Saints* (s. S. 66) aus, in der die Franzosen besiegt wurden.

Von Castries nach Süden führt die Verlängerung der Bridge Street zunächst steil bergauf durch den Vorort Morne Fortune (schöner ***** Rundblick). Bald nach der Gabelung in Richtung Soufrière folgt eine schmale Abzweigung zur *** Marigot Bay.** Die malerische Bucht, in der 1966 Szenen des Rex-Harrison-Films „Dr. Doolittle" gedreht wurden, ist heute unter Jachtkapitänen als schicker Ankerplatz bekannt.

Die löchrige Straße läßt nun keine Anhöhe mehr aus und schlängelt sich

Seite 75

Pfahlbau im Carib Territory

Die letzten Kariben

Robuste Kämpfernaturen, siegesgewohnte Krieger und sogar Kannibalen sollen sie gewesen sein, glaubt man den Berichten der Eroberer. Falls dieses Bild vom Volk der Kariben je stimmte – nichts erinnert jetzt daran: Friede, Lethargie und bisweilen Resignation zeichnen das Leben im **** Carib Territory,** jenem 15 km² kleinen Landgeschenk Königin Victorias aus dem Jahre 1903. Zwar zeugen manche Gesichter in den sechs Regenwalddörfern von der Verwandtschaft zu den Indianern Südamerikas, aber von rund 3000 Menschen sind lediglich 30 reinrassige *Caribs,* und die Sprache ihrer Ahnen haben sie längst vergessen.

„Wir sind völlig auf uns selbst angewiesen", erklärt Faustulus Frederic, Lehrer und Chronist der Gemeinde. „Aus Roseau kommen schöne Worte, aber keine Taten." Nicht einmal für die Kanalisation im Hauptort Salibia bringt die Inselregierung Mittel auf. In Faustulus' Schule fehlen Bücher und Kreide, fast nirgends gibt es elektrischen Strom. Die Erlöse aus Bananen- und Kokosnußanbau sowie dem Verkauf der feinen, mit Erde gefärbten Flechtarbeiten reichen gerade, um die bescheidenen Holzhütten auf blanker Erde instand zu halten. Während der Regenzeit schwemmt es die liebevoll angelegten Wege und Gärten nicht selten innerhalb weniger Stunden fort.

Die *Caribs* sind als geschickte Handwerker bekannt. Zum Fischen benutzen sie noch immer das traditionelle Kanu, aus dem Stamm eines einzigen Baumes gearbeitet. Junge Leute gehen heute zum Geldverdienen auf die Plantagen außerhalb des Territoriums. Von denen, die bleiben, wirken viele zurückgezogen, schüchtern, fast apathisch. Rum und Bier machen schon tagsüber die Runde. 1992, zum 500. Jubeljahr, hat das Reservat eine neue Betonkirche bekommen. Über dem Portal prangt ein Wandgemälde: Kolumbus' stolze Flotte nimmt Kurs auf ein tropisches Eiland, am Strand stehen staunend ein paar Indianer. Sehen so „Kämpfer" aus?

über zahllose *hairpin bends* (Haarnadelkurven) zu den idyllischen Fischerorten ***Anse la Raye** („schönstes Dorf 1994") und Canaries hinunter. Die letzten 5 km der Strecke vor ****Soufrière** zählen zum landschaftlich Faszinierendsten, das die Karibik zu bieten hat: Den fotogenen Vordergrund malen die bunten Häuser des Städtchens an der smaragdfarbenen Soufrière Bay. Dahinter erheben sich, von tiefgrünem Regenwald überwuchert, die Zuckerhut-Kuppen von **Petit Piton** (736 m) und **Gros Piton** (795 m).

Wenige Kilometer landeinwärts dampfen in den ***Diamond Gardens** heiße Schwefelquellen. Ludwig XVI. von Frankreich ließ die bis zu 100 °C heißen Fluten in Becken fassen, die – sauber renoviert – heute wieder zur Rheumabehandlung Anwendung finden. Im wunderbar gepflegten Park wachsen Flamboyant, Bougainvilleen, Hibiskus und Kakaostauden.

Immer der Nase nach gelangt man zum ***Soufrière-Kraterfeld,** dessen brodelndes Schwefelwasser einen Duft Marke „Faule Eier" verströmt.

*Choiseul und **Laborie** sind ideale Plätze, um europäische Hektik gegen karibisches Phlegma einzutauschen. Charme hat hier sogar der Regen: *Liquid sunshine* („flüssige Sonne") nennen es die Einheimischen an der

---

Saint Lucia

622 km², 155 000 Einw.;
Sprachen: Englisch, Franz.-Patois;
Währung: EC $.
Wirtschaft: BSP 2920 US $.
Attraktionen und Sport: Strände, Landschaft, tropische Vegetation.
*** Baden, ****** Segeln, ****** Tauchen, ***** Wandern, ***** Reiten, ***** Golf, ***** Nachtleben.
❶ Postfach 15 25, 61366 Friedrichsdorf, ☎ (0 61 72) 77 80 13, 📠 77 80 33.

Westküste, wenn der Passatwind vom Bergland ein paar flüchtige Tropfen herüberweht, während über der See noch die Sonne brennt. Etwa auf halbem Weg zwischen den Ortschaften verbirgt sich in einem wunderschönen, verwunschenen Park auf der Meerseite das 200 Jahre alte 🏠 ***Balembouche Estate House.** Die deutsche Besitzerin Uta Lawaetz veranstaltet Abendessen bei Kerzenlicht und vermietet Zimmer. Reservierung: ☎ 459-3244, 📠 459-3342. Ⓢ

In ***Vieux Fort** (65 km von Castries), früher Hauptstadt der Insel, werden heute Bananen für den Export verladen, den umliegenden Stränden geben einige Hotels internationales Flair. Vom Leuchtturm am Südkap ***Moule à Chique** sieht man bis nach St. Vincent. Vorbei am *Hewanorra Airport* (indian.: Land des Leguans) führt der *Windward Highway* entlang der atlantisch-zerklüfteten Küste via Micoud und Dennery (***** Aussicht) zurück nach Castries.

❶ Pointe Seraphine, Castries, ☎ 452-4094, 📠 453-1121. Filialen an den Flughäfen.

✈ **Hewanorra Intl.,** 64 km südlich Castries (Taxis), USA, Europa.
Vigie Airport, 3 km nördl. Castries (Taxis), karib. Inseln; Flugzubringer nach Hewanorra.

⛴ Martinique, Dominica.

🏠 **Royal St. Lucian,** Reduit Beach, ☎ 452-9999, 📠 452-9639. Luxus an der Touristenmeile Rodney Bay. Ⓢ))
Anse Chastanet, Soufrière, ☎ 459-7000, 📠 459-7700. Reizvolle, ruhige Lage am dunkelgrauen Sandstrand. Ideal zum Schnorcheln, bekannte Tauchschule. Ⓢ))
Hummingbird Beach Resort, Soufrière, ☎ 459-7232, 📠 459-7033. Hübsche Häuschen im karibischen Stil. Ⓢ)
The Islander, Rodney Bay, ☎ 452-8757, 📠 452-0958. Unprätentiöses Urlaubsdomizil, strandnah. Ⓢ)

🏠 **Rain,** Derek Walcott Square, Castries, ☎ 452-3022. Französischkaribische Küche, lässige Eleganz. Ⓢ))

Seite 75

The Still, Soufrière, ☏ 459-5179.
Traditionslokal, bodenständige Küche,
mittags Buffet. Gästezimmer, Filiale
am Strand. $)
Spinnakers, Rodney Bay, ☏ 452-8491.
Preiswerte, abwechslungsreiche Spei-
sekarte, an der Reduit Beach. $)

Abends: Bars und Diskos an der Rodney Bay, Fr Straßenfest in Gros Islet.

Sport: Golf: **Cap Estate Golf Club,**
☏ 450-8523, am Nordkap.
Reiten: **International Riding Stables,**
Gros Islet, ☏ 452-8139.
Jachtcharter: **The Moorings,** Marigot
Bay, ☏ 451-4357, 🖷 451-4353.

St. Vincent &
The Grenadines

Wer sein persönliches Robinson-Idyll
noch sucht, muß sich die Grenadinen
von St. Vincent vormerken: Nicht um-
sonst zieht es die internationale Haute-
volee Winter für Winter nach Mustique
oder Canuan. Auch St. Vincent selbst
geizt nicht mit Reizen; schwarze Lava-
sandstrände, Regenwald und die ursprüngliche Freundlichkeit der Insulaner zählen zu seinen starken Seiten.
Touristisch steht der Kleinstaat am Anfang, vorläufig lebt man vor allem von
Landwirtschaft. Exportiert werden Bananen und Pfeilwurz (engl. *arrowroot*),
ein stärkehaltiges Knollengemüse, das
u. a. in der Papierindustrie Verwendung
findet. Ungewöhnlich verlief die Siedlungsgeschichte: Die Urbevölkerung
wehrte sich lange erfolgreich gegen die
Kolonisatoren. 1675 verbrüderten sich
schiffbrüchige Sklaven mit den Kariben; ihre Nachkommen werden *Black
Caribs* genannt. 1796, als sich England
gegen sie und die französische Konkur-
renz durchsetzte, wurden die meisten
widerspenstigen „schwarzen Kariben"
auf die honduranische Insel Roatán de-
portiert. 1902 tötete ein Ausbruch des
Vulkans Soufrière 2000 Menschen, und
1979 – im Jahr der Unabhängigkeit –
mußten wegen einer erneuten Eruption
20 000 Menschen evakuiert werden.

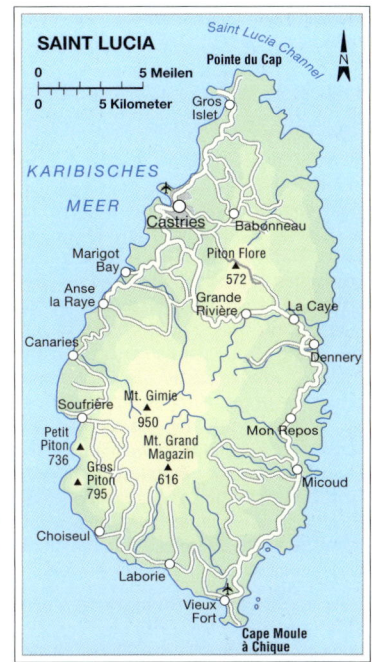

*Karibisches Wahrzeichen:
der Petit Piton, Saint Lucia*

*Kingstown (35 000 Einw.), an einer malerischen Bucht zu Füßen des 736 m hohen Mount St. Andrew gelegen, ist Hauptstadt und touristischer Mittelpunkt des 34-Insel-Staates. Die Stimmung an den Hafenpiers wirkt unaufgeregt und liebenswürdig, viele Häuser stammen noch aus dem 18./19. Jh. Die **Markthallen* sollte man vorzugsweise an einem Samstagmorgen besuchen, wenn Händler und Kleinbauern ihre exotischen Waren mit Booten aus allen Teilen der Insel anlanden. Als Wahrzeichen gilt **Fort Charlotte* (18. Jh.) im Westen der Kingstown Bay. Die Festung, in der heute Gefängnis und Behörden untergebracht sind, eröffnet das klassische ****Panorama** auf die Stadt. Der älteste **Botanische Garten* Amerikas, am Nordwestrand von Kingstown, wurde 1765 gegründet und präsentiert stolz einen angeblich originalen Brotfruchtbaum von Captain Bligh („Die Meuterei auf der Bounty").

Präkolumbische **Steingravierungen** (engl.: *petroglyphs*) erfüllten vermutlich kultische Zwecke. Bei **Layou* und **Barrouallie* sind die schönsten und am einfachsten zugänglichen Steinbilder erhalten. Auf einem der gut ausgebauten **Nature Trails* rund um Vermont, u. a. zum **Parrot Lookout* (400 m), kann man mit Glück eine der heimischen Papageienarten zu Gesicht bekommen. Die westliche Küstenstraße

endet 47 km nach Kingstown an der herrlichen und dunkelsandigen ***Richmond Beach** mit der vorgelagerten Insel Chateaubelair. Von hier schippern Ausflugsboote zu den ***Falls of Baleine,** einer 20 m hohen Kaskade inmitten üppiger Vegetation.

Im Südosten der Insel läßt die tropische Erde des paradiesischen ***Mesopotamia Valley** (auch: Marriaqua Valley) unter dem Einfluß des regenbringenden Passats scheinbar alles opulent sprießen, was der Mensch sät: Bananen, Muskat, Kakao, Brotfrucht und vieles mehr. Eine Pfeilwurzplantage (Ernte Okt.–März) kann in der Ortschaft *Friendly* (Colonarie) besichtigt werden. Vorbei an den erstarrten Lavafluten des *Rabacca Dry River* schlängelt sich eine ruppige Straße durch weite Kokos- und Orangenpflanzungen bis ans Nordkap bei Fancy. In dem Dorf Sandy Bay leben noch einige Nachkommen der Black Caribs. Das prächtigste Panorama der nördlichen Inselhälfte bietet sich vom Vulkangipfel ****La Soufrière** (1235 m). Für den schweißtreibenden Anstieg von Georgetown bis zum dampfenden Kraterrand (Führer ratsam!) rechnet man ca. 3 Std. Gehzeit.

❶ Egmont Street, Kingstown, ☎ 457-1502, 🖷 457-2880.

🛬 **Arnos Vale Airport,** 4 km südöstl. von Kingstown (Taxis). Verbindungen zu den Windward-Inseln, Charter auf die Grenadinen.

🚢 Unregelmäßige Post- und Frachtdienste zu allen Grenadinen.

🏨 **Young Island Resort,** ☎ 458-4826, 🖷 457-4567. Perfektes Palmenidyll auf vorgelagerter Privatinsel (auch als Tagesausflug empfehlenswert!). Großes Sportangebot. ⓢⓢⓢ

Grand View, Villa Point, ☎ 458-4811, 🖷 457-4174. Der Name ist Programm: herrliche Sicht von ehemaliger Baumwollplantage über der Indian Bay. ⓢⓢ

Cobblestone Inn, Kingstown, ☎ 456-1937, 🖷 456-1938. In historischem Lagerhaus an der *Waterfront,* preiswert und freundlich. ⓢ

St. Vincent

389 km², 110 000 Einw.; Sprachen: Englisch, Kreolisch; Währung: EC $. Wirtschaft: BSP 1990 US $.
Attraktionen und Sport:
Schwarze Strände, Regenwald, Vulkanismus, Robinson-Idyllen auf den Grenadinen. ******* Baden, ******* Segeln, ****** Tauchen und Schnorcheln, ***** Wandern, ***** Surfen.
❶ Karibik Pur GmbH, Wurmbergstr. 26, 71063 Sindelfingen, ☎ (0 70 31) 80 62 60, 🖷 80 50 12.

The French Restaurant, Villa Beach, ☎ 458-4972. Französich-karibisches Essen im Freien. Ⓢ

Reigate Restaurant & Beer Garden, Halifax Street, Kingstown, ☎ 456-2277. Westindische Küche, populär, samstags mit Musik. Ⓢ

Abends: The Attic, Grenville Street, Kingstown, ☎ 457-2558. Jazzclub und Restaurant, am Wochenende Live-Musik.

Tauchen: Dive St. Vincent, Young Island Dock, ☎ 457-4714.

Die Grenadinen

★★ Bequia (sprich: beck'wéj), die mit 18 km² größte der Grenadinen, war früher eine Insel der Bootsbauer und Walfänger. An diese Traditionen erinnert das Walmuseum von Athneal Ollivierre, „the last harponeer" genannt, im gemütlichen Hauptort Port Elizabeth. Heute bedienen die Werften auf Bequia den Jachttourismus. Lieblingsbuchten der Skipper sind Admirality Bay und Friendship Bay. Ideale Strände zum Baden und Tauchen gibt es fast überall.

❶ Port Elizabeth, ☎ 458-3286.
🛬🚢 St. Vincent u. Grenadinen.
The Plantation House, ☎ 458-3425, 📠 458-3612. Bungalows und hübsche Strandvillen, alle Einrichtungen für Wassersportler. Ⓢ⟫

The Frangipani, ☎ 458-3255, 📠 458-3824. Einfache, freundliche Unterkunft in renov. Kapitänshaus. Ⓢ

Tip: *Bootstrips* mit umgebautem Postsegler „The Friendship Rose", ❶ Local Color Boutique, ☎ 458-3202.

★★ Union Island heißt bei Kennern oft „Tahiti der Karibik", weil seine zerklüfteten Felsformationen und traumhaften Badeplätze (vorgelagert: ★ Palm Island) an Südseelandschaften erinnern. Die Nachbarinseln *Mayreau, Petit St.-Vincent* und vor allem die winzigen *Tobago Cays* sind für Schnorchler und Segler wahr gewordene Träume.

🛬🚢 St. Vincent u. Grenadinen.

St. Mary's Cathedral, Kingstown

Grenada

345 km², 95 000 Einw.;
Sprache: Englisch; Währung: EC $.
Wirtschaft: BSP 2310 US $.
Attraktionen und Sport:
Abwechslungsreiche Landschaft, Muskatplantagen, Strände, Regenwald. ★★ Baden, ★★ Tauchen und Schnorcheln, ★★ Wandern, ★ Golf, ★ Reiten.
❶ Johanna-Melber-Weg 12, 60599 Frankfurt/M., ☎ (0 69) 61 11 78, 📠 62 92 64.

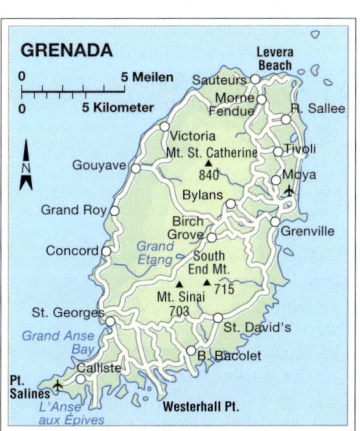

Anchorage Yacht Club, ☎ 458-8221, 📠 458-8365. Beliebter Jachttreff. Ⓢ

Das halbmondförmige *** Canouan** (8 km²) ist Heimat von rund 800 Fischern und Gemüsebauern. Zum Schwimmen und Schnorcheln eignen sich die riffgeschützten Strände an *Windward Bay* und *Glossy Bay* hervorragend.

Seite **77**

➤ ⛴ St. Vincent.

 Tamarind Beach Hotel & Yacht Club, ☎ 458-8044, 📠 458-8851. Elegante neuere Anlage an weißem Traumstrand. Ⓢ
Villa Le Bijou, ☎ 458-8025. Reizendes kleines Hotel in herrlicher Lage. Ⓢ

Grenada

Die Muskatnuß ziert sogar die Nationalflagge – Grenada pflegt seinen Ruf als *The Spice Island,* die „Gewürzinsel" der Karibik. Zwei Drittel des Weltbedarfes an Muskat wachsen auf ihren fruchtbaren Vulkanböden, dazu Zimt, Vanille, Piment, Gewürznelken, Kakao. Neben dem Besuch der Plantagen stehen auf dem touristischen Programm vor allem die schönen Strände des Südwestens, stille Fischerdörfer im Norden und tropischer Regenwald im Hinterland.

Kurzzeitige Berühmtheit erlangte Grenada, als US-Invasionstruppen 1983 den Kleinstaat (unabhängig seit 1974) vor einer drohenden „Kubanisierung" retteten. Daß seither wieder gute Beziehungen zu Nordamerika gepflegt werden, wirkt sich auf die Besucherzahlen positiv aus. Dennoch ist Grenada ein eher beschauliches Urlaubsziel mit viel ursprünglichem Flair geblieben.

** St. George's (35 000 Einw.), Hauptstadt und wichtigster Hafen Grenadas, bezieht seinen speziellen Reiz aus der Mischung französischer und englischgeorgianischer Baustile: 1674–1783 blieb die Insel im Besitz Frankreichs, erst danach war sie britische Kronkolonie. Besonders schön ist die Lage der Stadt an der hufeisenförmigen ** Carenage,* dem inneren Hafen. Vom Meer

ziehen sich die Straßen in engen Schleifen über grüne Hügel hinauf. Und weil es selbst im Zentrum ständig steil auf- und abgeht, regeln an den unübersichtlichsten Stellen Polizisten mit zackigen Gesten den Verkehr.

Ein komplettes Panorama von St. George's bietet sich von ** Fort George,* das die Franzosen 1710 am Hafeneingang plazierten. Heute nutzt die Inselpolizei die Bastion als Hauptquartier. In einem früheren Kerker (1704) an der Geschäftsstraße Young Street präsentiert das ** National Museum* eine kuriose Mixtur historischer Exponate von vergilbten Sammelbildchen („Die wilden Stämme Afrikas") bis hin zu den Stahlhelmen von US-Marines.

Ein sehenswertes Beispiel georgianischer Architektur ist ** York House* (1780), in dem das Parlament Grenadas tagt. Schräg gegenüber steht die katholische Kirche, deren Glockenturm auf das Jahr 1818 zurückgeht. Beide Gebäude thronen auf der Anhöhe Market Hill, zu dessen Füßen am ** Market Square* in den Morgenstunden einer der farbigsten Märkte Westindiens pulst. Die felsige Halbinsel von Fort George durchsticht der *Sendal Tunnel* (1895) in Richtung ** Esplanade,* dem lebhaften äußeren Hafen (Fisch- und Fleischmarkt, Minibus-Terminal).

Am 3 km langen Sandstrand der **** Grand Anse Bay** (zwischen Flughafen und St. George's) konzentrieren sich die Ferienhotels, Restaurants und Wassersportanbieter der Insel. Weniger Trubel herrscht noch an der südlichen ** L'Anse aux Épines* sowie der vornehmen Villengegend *Westerhall Point.*

Von der Küstenstraße nach Norden zweigt im Dorf Concord (15 km) ein steiler, ruppiger Fahrweg in Richtung ** Concord Falls* ab. Uniformierte führen Besucher gegen ein Trinkgeld auf einem 30minütigen Pfad durch Wald und Muskatplantagen zu idyllischen Wasserfällen mit Bademöglichkeit. In *Gouyave* (19 km) öffnet wochentags die ** Grenada Cooperative Nutmeg Assoc.*

ihre **Muskatverarbeitung** auch für Besucher. Auf der Straße verkaufen Händler hübsch verpackte Gewürzpotpourris als Souvenirs. Wer Kakao, Muskat und Zimt noch am Baum sehen möchte, sollte den Abstecher zum **Dougalston Spice Estate** (landeinwärts von Gouyave) unternehmen.

Seite 77

An der Steilküste *(Carib's Leap)* bei Sauteurs (36 km) stürzten 1651 die 40 letzten Kariben in den Freitod, um nicht den Franzosen in die Hände zu fallen. Die äußerste Nordspitze, der *** Levera National Park,** zieht mit seinen unverbauten Sandstränden Bathwater Beach und Levera Beach (vorgelagerte Inseln Sugar Loaf und Green Island) am Wochenende zahlreiche Ausflügler an. Für die stilvolle Lunchpause bietet sich *** Betty Mascoll's Plantation House** (Restaurant, Gästezimmer, ☏ 442-9330) in Morne Fendue an. Das antik möblierte Haus wurde 1912 errichtet und mit einer damals typischen Mischung aus Zuckermelasse und Mörtel verputzt. Die Auffahrt zum Anwesen haben die Besitzer mit Muskatschalen „gepflastert".

An der Carenage von St. George's

Muskatnuß mit Samennetz (Mazisblüte)

Vorbei an *Lake Antoine,* einem Kratersee vulkanischen Ursprungs, führt die östliche Küstenstraße nach *** Grenville.** Die zweitgrößte Stadt der Insel lebt von Handel und Fischerei; besonders munter gibt sich der freundliche Marktflecken Samstag vormittags. Das gebirgige, tropisch-grüne Inselinnere erkundet man am besten in der **** Grand Etang Forest Reserve.** Am *Visitor's Centre* (550 m), etwa auf halbem Weg zwischen Grenville und der Hauptstadt, beginnen markierte Pfade *(Nature Trails),* z. B. zum Kratersee *Grand Etang* (20 Min.), auf den *Mount Qua Qua* (720 m, 90 Min.).

❶ Burns Point, St. George's, ☏ 440-2279, 🖷 440-6637.
☞ **Point Salines Intl.,** 10 km südl. St. George's (Taxis). USA, GB, Karibik.

Cocktail in Sandalen

* Mustique, seit 1959 in Privatbesitz, renommiert als eines der exklusivsten VIP-Refugien der Karibik. Princess Margaret, Mick Jagger und David Bowie besitzen hier Villen. Statt steifer Eleganz wird gerne tropische Lässigkeit kultiviert: zum Cocktail erscheinen Lord und Mylady in Sandalen und verwaschenen Bermudas, man plaudert über die exquisite Privatparty vom Wochenende. Außerdem gibt es zauberhafte *gingerbread houses,* phantastische Strände und nur einen Platz für den *sundowner:* **Basil's** legendäre Bar.

☞☞ St. Vincent, Grenadinen.
🏠 **The Cotton House,** alte Plantage, elegant. ☏ 🖷 456-4777. Ⓢ))
Firefly Guest House, die einfache und einzige Alternative.
☏ 458-4621. Ⓢ

🛥 Mehrmals wöchentlich Fähre nach Carriacou.

🏨 **The Calabash,** L'Anse aux Épines, ☎ 444-4334, 🖷 444-5050. Schöne Bungalows in Strandlage, viel Wassersport. ⑤⟩⟩

Seite 77

Grenada Renaissance, Grand Anse Bay, ☎ 444-4371, 🖷 444-4800. An Grenadas Paradestrand, großer Park, Tauchbasis. Etwas unpersönlich. ⑤⟩⟩
The Flamboyant, Grand Anse Bay, ☎ 444-4247, 🖷 444-1234. Einfache Apartments in attraktiver Hanglage. ⑤⟩
La Segesse Nature Center, St. David's, ☎ 🖷 444-6458. Altes Plantagenhaus an einer einsamen Bucht, sehr gute Küche. ⑤⟩
Victoria Hotel, Queen Street, Victoria, ☎ 444-9367, 🖷 444-8104. Einfache Zimmer in schläfrigem Fischernest. ⑤

🏨 **Canboulay,** Morne Rouge Bay, ☎ 444-4401. Moderne kreolische Küche mit afrikanischem Touch. ⑤⟩⟩
Rudolf's, The Carenage, ☎ 440-2241. Preiswerte Inselküche in rustikalem Rahmen, gute Weinkarte dank österreichischem Besitzer. ⑤⟩

Abends: Tanz und Live-Musik nur in den Hotels, u. a. am Wochenende im **Spice Island Inn,** Grande Anse, ☎ 444-4258.

Sport: Wandern/Ausflüge: **Henry's Safari Tours,** ☎ 444-5313.
Reiten: **The Horseman,** ☎ 440-5368.

Einkaufen: Muskatsirup/-marmelade: in Supermärkten. Rum: **River Antoine Estate,** ☎ 442-7109.
Kunsthandwerk: **Yellow Poui Art Gallery,** Cross Street, St. George's.

∗Carriacou (Hauptort Hillsborough, 7500 Einw.) ist die größte der nördlich vorgelagerten *Grenadines of Grenada.* Die einstige Fischer- und Schmugglerinsel entwickelt sich dank exzellenter Strände zum beliebten Ausflugsziel.
🛥 🚌 Grenada.
🏨 **Caribbee Inn,** ☎ 443-7380, 🖷 443-8142. Reizendes, typisch karibisches Haus. ⑤⟩

Barbados

Zuckerrohr und weißer Sand

Weil Barbados 160 km abseits des Windward-Gürtels liegt, nahmen erst 1518 portugiesische Seefahrer von seiner Existenz Notiz. Die Besiedelung der Insel unternahm England ab 1625. Durch Plantagenwirtschaft gelangten die Kolonisten bald zu beträchtlichem Wohlstand. Als einzige Karibikinsel blieb Barbados bis zur Unabhängigkeit 1966 ohne Unterbrechung britisch. An die Stelle der Zuckerproduktion treten zunehmend Tourismus und Handel; Barbados gilt heute als die wohlhabendste Windward-Insel. Von karibischen Nachbarn wird seinen Bewohnern, den *Bajans,* gerne ein Hang zu Eigensinn und Spleenigkeit nachgesagt. Ins Bild des „Little England der Antillen" passen auch die zahlreichen viktorianischen Herrenhäuser, der traditionelle Nachmittagstee in mondänen Hotels und die Leidenschaft für Kricket. Anstatt Londoner Nebels verwöhnen den Besucher jedoch ein ausgeglichenes Sonnenklima (nur im November kann es heftig regnen), weiße Strände und gute Sport- und Unterhaltungsmöglichkeiten.

∗Bridgetown

Die Inselkapitale an der Carlisle Bay wuchs nach ihrer Gründung 1628 rasch und planlos entlang des Meeresarmes Constitution River. Mit rund 110 000 Einwohnern zählt sie zu den großen karibischen Hauptstädten. Handel und Bankgewerbe verleihen ihr ein modernes, betriebsames Äußeres. Anlaß zur Hektik besteht dennoch nicht: Die Stimmung bleibt freundlich-entspannt, und das touristische „Pflichtprogramm" bringt niemanden ins Schwitzen.

Zu Ehren *Lord Nelsons* und der Stätte seines letzten Triumphes heißt der zentrale Platz an der **Careenage,** dem inneren Hafen, Trafalgar Square. Die Flotte des Admirals lag hier 1805 vor Anker, wenige Monate vor der Seeschlacht bei Trafalgar. Nicht unumstritten im modernen Barbados ist die Statue (1813) des imperialen Haudegens. Zum Ausgleich nehmen die Symbole der Unabhängigkeit den nördlichen Teil des Platzes ein: Die neugotischen ***Public Buildings** aus dem Jahre 1874 beherbergen das Parlament *(House of Assembly)* und andere Behörden des Inselstaates. Das erste Plenum bestand hier bereits 1639, wurde aber 1860 durch ein Feuer zerstört. Den Logenplatz an der Careenage hat man an einem der Tische des **Waterfront Café** (⑤) auf der gegenüberliegenden Seite der **Chamberlain Bridge.**

Hinter Nelsons Rücken hat sich die Geschäftswelt in der lebhaften Broad Street etabliert, wo Kaufhäuser, Dutyfree-Boutiquen und Souvenirshops einander abwechseln. Am westlichen Ende ihrer Fortsetzung, der Lower Broad Street, stößt man rechts auf die **St. Mary's Church** (1827) sowie links auf den **Cheapside Fruit Market (*** Sa morgens). Weiter stadtauswärts nahe dem Tiefwasserhafen liegt in praktischer Reichweite der Kreuzfahrtpassagiere **Pelican Village,** ein Basar mit mehr oder weniger originellem Kunsthandwerk.

Östlich des Trafalgar Square erhebt sich die anglikanische **St. Michael's Cathedral,** die 1789 erbaut wurde. Dahinter ragen das elfstöckige Betongebäude der Zentralbank und ein Konzertsaal neuesten Datums weit über das Häusermeer der Stadt auf. Die **** Bridgetown Synagogue,** 1654 gegründet, kann als ältestes jüdisches Bethaus der Neuen Welt gelten und wird seit der detailgetreuen Renovierung wieder von Gläubigen genutzt (Ⓒ Mo–Fr 9–16 Uhr).

Trafalgar Square und Public Buildings, Bridgetown

Strandleben bei Sam Lord's Castle an der Ostküste

Barbados

430 km², 276 000 Einw.;
Sprache: Englisch;
Währung: Barbados Dollar (BDS $).
Wirtschaft: BSP 6540 US $.
Attraktionen: Herrliche Sandstrände im Westen, Steilküste im Osten, englische Herrenhäuser.
Sport und Unterhaltung:
*** Baden, ****** Surfen, ****** Schnorcheln und Tauchen, ****** Nachtleben, ****** Golf, ***** Wandern.
❶ Neue Mainzer Str. 22, 60311 Frankfurt/M., ☏ (0 69) 23 23 66, 🖷 23 00 77.

Seite 83

Nachtschwärmer treffen sich zum späten Imbiß in der volkstümlichen **Baxter's Road** – „die Straße, die niemals schläft". Auf den typischen *buckpots,* offenen Grillöfen, brutzeln dort bis zum Morgengrauen *flying fish* und würzige Hühnerkeulen.

Über die von abbruchreifen Animierbars gesäumte *Bay Street* gelangt man rasch in Richtung Südküste. Vorbei an der katholischen **St. Patrick's Cathedral** (1849) und **Crofton House,** wo 1751 Barbados' erster VIP-Tourist George Washington logierte, führt die Straße zum ehemaligen Truppenübungsplatz *Garrison Savannah.* Heute finden auf dem Oval mit dem hübschen Türmchen über der alten Offiziersmesse Cricketturniere und Pferderennen statt. Sehr zu empfehlen ist der Besuch des *Barbados Museum* an der Nordostseite des Platzes. Die im ehemaligen Militärgefängnis untergebrachte historische Sammlung zählt zu den interessantesten der Karibik (Mo–Sa 10–18 Uhr).

Der Südosten

Auf der südlichen Verlängerung der Bay Street, dem Highway 7, passiert man zunächst rechter Hand die populären **Strände** von **Hastings** und **Worthing,** begleitet von zahllosen Fast-food-Lokalen und Apartmenthotels. Zur Amüsiermeile der Einheimischen wie Touristen entwickelte sich **St. Lawrence Gap:** Entlang einer schmalen Straße am Meer herrscht hier High Life in Nachtclubs und Restaurants. Weit beschaulicher geht es noch im Fischerort *Oistins* zu, auch wenn seit 1820 angeblich unruhige Geister auf dem Dorffriedhof umgehen und in der „geheimnisvollen Gruft" *(Mystery Vault)* Särge verrücken.

Landeinwärts über Six Cross Roads ist bald *Sunbury Plantation House* erreicht. Der mehr als 300 Jahre alte Bau, der dank massivem Mauerwerk allen Hurrikanen trotzen konnte, ist nach einem verheerenden Großbrand (1995) wieder zugänglich. Das edle, teils aus Mahagoni bestehende Mobiliar der Kolonialzeit wurde stilgerecht ersetzt.

Zurück an der Küste, der hier ausnahmsweise guten Beschilderung folgend, empfiehlt sich der Abstecher zum Traditionshotel **Crane Beach,** an dessen leicht rosafarbenem Sandstrand sich bereits Mitte des 18. Jhs. Plantagenbesitzer erholten (☎ 423-6220, 🖷 423-5343; ⑤)). Auf eine lange Geschichte blickt auch das Haupthaus des heutigen Ferienresorts *Sam Lord's Castle* zurück (s. S. 85).

Von Sam Lord's Castle orientiert man sich entlang der Küstenlinie in Richtung des stillgelegten Leuchtturms am *Ragged Point* (schöne Sicht), von dort aus weiter bis zum 1702 gegründeten Theologie-Seminar **Codrington College** mit einer stattlichen Allee turmhoher Kohlpalmen.

Rauhe atlantische Brandung umspült das Küstendorf **Bathsheba,** der ideale Ort für eine Mittagspause: Das *Atlantis Hotel* serviert – ein wunderbarer Meerblick inklusive – echt barbadische Hausmannskost; legendär sind die sonntäglichen Buffets (☎ 433-9445; ⑤)). Voll auf ihre Kosten kommen Pflanzenfreunde nebenan in den liebevoll angelegten **Andromeda Gardens.** Zu sehen sind unter anderem mächtige Exemplare des „bärtigen" Feigenbaums Ficus citrifolia, dem Barbados seinen Namen verdankt. Der schön gelegene Herrensitz *Villa Nova* (1834), zu dessen Besitzern der ehemalige britische Premier Sir Anthony Eden zählte, soll zu einem Luxushotel umgestaltet werden.

Der Nordwesten

Die *Westküste* verdient ihren glänzenden Beinamen **Platinum Coast** (oder: *Gold Coast*) nicht nur wegen des gleißenden Korallensandes, sondern auch aufgrund der Preise ihrer edlen Resorts (u. a. mit Golfclub). Zwischen Hotelanlagen und hohen Mauern hindurch führen schmale Fußwege zu den herrlichen, selbst vor den nobelsten Herbergen öffentlichen Stränden. Zwischen duftenden Imbißständen wandern Bauchladenhändler umher, flechten junge Frauen flink kunstvolle Zopffrisuren und sausen Jetskis lärmend über die Wellen.

Bei **Holetown,** das auch „The Hole" oder „Jamestown" genannt wird, gingen 1625 die Engländer erstmals an Land. Sehenswert sind die um 1660

Seite 83

Seit Jahrhunderten kaum verändert: die „chattel houses"

BARBADOS

0   5 Meilen
0   5 Kilometer

North Point
Animal Flower Cave
St. Lucy
Cherry Tree Hill
Fustic
St. Nicholas Abbey   245
Six Men's Bay
Ashton Hall
Speightstown
Mullins Bay
Belleplain
Chalky Mount
Mount Hillaby   340
Orange Hill
Endeavour
Bathsheba
Andromeda Gardens
Welchman Hall
Holetown
Rock Hill
Gully
Small Hope
Coach Hill
Villa Nova
Harrison's Cave
Folkstone Underwater Park
Bailey Hill
Codrington College
Bayfield
Thorpes
Jackson
Belair
Prospect
Valley
Ellerton
Cottage Vale
Sam Lord's Castle
Foster Hall
Sunbury Plantation House
Six Cross Roads
Brereton
The Crane
Crane Beach
St. David
St. Patricks
Bridgetown
Newton Terrace
Needham's Pt.
Hastings
St. Lawrence
Oistins
Oistins Bay
Long Bay
South Point

ATLANTISCHER OZEAN
Congor Bay
Conset Bay
Conset Point
Ragged Point
Kitridge Point
Paynes Bay
Platinum
Batts Rock Bay
Coast

gegründete und 1874 umgebaute *St. James' Church* und der *Folkestone Underwater Park*. Den submarinen Naturpark kann man per Glasbodenboot oder mit Schnorchel und Brille erkunden, während an Land ein kleines Museum über das Leben unter Wasser informiert. Einer der wenigen unverbauten Strandabschnitte der Westküste erstreckt sich einige Kilometer nördlich von Holetown: An der **Mullins Bay** verbringen auch Barbadianer gerne den Feierabend; für das leibliche Wohl sorgt die populäre *Mullins Beach Bar*.

Manche Straßenzüge von **Speightstown** (sprich: spaikstaun; „Little Bristol") des ehemals wichtigsten Zuckerhafens der Insel, verströmen noch die Atmosphäre kolonialer Zeiten. Entlang der **Church Street** stehen Geschäftshäuser mit wackeligen Holzbalkonen im georgianischen Stil, die so aussehen, als müßte der nächste Sturm ihr letzter sein.

St. Lucy im äußersten Norden von Barbados wirkt stellenweise wie eine andere Welt: Es ist der ländlichste und am dünnsten besiedelte Bezirk; statt Autos begegnet man Black-Belly-Schafen auf den schlaglochübersäten Straßen, und ab und zu stehen winzige *chattel houses* einsam in den Wiesen. Eine recht dürftige Beschilderung weist den Weg zur **Animal Flower Cave** am North Point. In einer Grotte der zerklüfteten Steilküste leben farbige Seeanemonen, die zur Familie der Hohltiere zählen und „Tierblumen" – *Animal Flowers* – heißen (◷ tgl. 9–17 Uhr).

Vom Herrenhaus im **Farley Hill National Park** (Drehort des Hollywoodfilms „Island in the Sun" mit Harry Belafonte, 1957) stehen zwar seit dem Großbrand von 1965 nur noch die Grundmauern, aber schon die **Aussicht** über das Inselinnere lohnt den Abstecher. Gegenüber, im *Barbados Wildlife Reserve*, turnen Grüne Meerkatzen kreischend in den Baumkronen. Inmitten eines prächtigen Mahagonihaines steht seit etwa 1650 das älteste englische Gutshaus der Insel: **St. Nicholas Abbey** (◷ Mo–Fr 10 bis 15.30 Uhr). Alte Möbel und aufschlußreiche Schriftstücke aus der Zeit, als der Besitz mit Sklaven bewirtschaftet wurde, sowie ein Dokumentarfilm von 1934 erzählen den Werdegang der Plantage. Den wohl besten Rundblick über die Zuckerrohrfelder und die herb-schöne Atlantikküste des *Scotland District* hat man vom nahen **Cherry Tree Hill**. Von dort windet sich eine steile Straße malerisch zur alten Zuckermühle **Morgan Lewis Mill** und zur Küstenstraße (Hwy 2) hinunter.

In den Töpferstuben am **Chalky Mount** brennen einheimische Handwerker einfache Tongefäße. Nach Osten biegt eine kleine Seitenstraße zu **Turner's Hall Woods** ab, dem kläglichen Rest tropischen Urwaldes, der nicht der Plantagenwirtschaft zum Oper fiel. Südlich davon ragt Mount Hillaby, Barbados' höchster Berg, bescheidene 340 m empor. **Welchman Hall Gully** nennt sich eine 1 km lange, felsige Klamm, die ein walisischer Siedler 1860 mit Obstbäumen bepflanzte. Die verwilderten Kulturpflanzen bilden zusammen mit tropischem Gewächs einen dichten Dschungel, malerisch flankiert von Grotten und kleinen Höhlen. Tiefer hinein in den Fels führt die elektrische Bummelbahn in **Harrison's Cave**, einer Kette geräumiger Tropfsteinhöhlen mit rauschenden Bächen und Wasserfällen.

❶ Harbour Rd., Bridgetown, ☎ 427-2623, 📠 426-4080. Filialen am Flughafen und Hafen. Gästemagazine *Sunseeker* und *The Visitor*.

✈ **Grantley Adams,** 18 km östl. Bridgetown (Taxis). 🚌 Fairchild Market, Bridgetown. Private Kleinbusse in alle Richtungen. 🚢 Partyfahrten, z. B. mit The Bajan Queen, ☎ 436-6424.

🏨 **The Sandy Lane,** Holetown, ☎ 432-1311, 📠 432-2954. Legendärer Luxus zu Mondpreisen, als Pauschalreise günstiger. Golfplatz. (⑤))

Royal Pavilion, Porters, ☎ 422-4444, 🖷 422-0118. Ein Traum in Pink und Pastell, direkt an der Platinküste. Ⓢ⟩⟩
Hilton, Needham's Point, ☎ 426-0200, 🖷 436-8946. Guter Strand, von den Ruinen eines Forts umgeben. Tauch- und Wassersportzentrum. Ⓢ⟩⟩
Casuarina Beach Club, Dover, ☎ 428-3600, 🖷 428-1970. Freund- liches Ferienhotel der Mittelklasse, in schönem Palmengarten. Ⓢ
St. Lawrence East & West, St. Law- rence Gap, ☎ 435-6950, 🖷 428-1970. Preiswerte Studios mit Kochecke im lebhaften Ausgehviertel der Süd- küste. Ⓢ

🏛 **Bagatelle Great House,** St. Thomas, ☎ 421-6767. Stilvolles Speisen in bastionsartigem Plantagenhaus. Inter- nationale und karibische Küche. Ⓢ⟩⟩
Brown Sugar, Aquatic Gap, ☎ 426-7684. Tropisches Ambiente, karibische Spezialitäten. Ⓢ⟩⟩
Pisces, St. Lawrence Gap, ☎ 435-6564. Fisch und Meeresfrüchte in romantischer Lage. Ⓢ⟩
Melting Pot, St. Lawrence Main Rd., ☎ 428-3555. Simples *Bajan food* in typischem Rum-Shop-Häuschen. Ⓢ

Abends: Diskos und Live-Musik in St. Lawrence Gap, z. B. **The Reggae Lounge, Ship's Inn, B 4 Blues.** Diskos in Bridgetown und Umgebung: **The Boatyard** und **Harbour Lights,** beide Bay Street.
Live-Jazz: **Fisherman's Wharf,** Careenage, ☎ 436-7778.
Dinnershows:
Barbados by Night, Plantation Garden, St. Lawrence, ☎ 428-5048. Aufwen- diges Folklore-Spektakel.
1627 and All That, Sherbourne Centre, Two Mile Hill, Bridgetown, ☎ 428-1627. Buntes Historienspiel.

Windsurfen: **Club Mistral Hotel,** Max- well, ☎ 428-7277, 🖷 428-2878.

Tip: Besuch in der **Rum Distillery Mount Gay,** Visitor's Centre, Spring Garden Hwy, Bridgetown, ☎ 425-9066. Führungen und Kost- probe Mo–Fr 9–16 Uhr.

Blick über den Scotland District

Ein lästerlicher Lord

Abenteuerliche Geschichten ranken sich um den Erbauer jenes georgia- nischen Herrensitzes, der heute den Mittelpunkt der Hotelanlage Sam Lord's Castle bildet. **Samuel Hall Lord** soll um 1820 italienische Stuckdecken und englische Stilmö- bel für sein Privatschloß durch einen unfeinen Trick finanziert haben: In mondlosen Nächten ließ er Lampen auf die Palmen seines Anwesens verteilen, so daß sich die Kapitäne vorbeifahrender Schiffe dem siche- ren Hafen nahe glaubten. Nachdem sie dann mit Mann und Maus am berüchtigten *Cobblers Reef* zer- schellt waren, plünderte der saubere Lord ihre Frachträume. Die geraub- ten Schätze scheint der skrupellose Sam jedoch schnell durchgebracht zu haben. Als er starb, hinterließ er nur 18 000 Pfund Schulden.
🏛 **Sam Lord's Castle,**
☎ 423-7350, 🖷 423-5918. Ⓢ⟩⟩

Trinidad und Tobago

Das ungleiche Paar

Zu Recht gilt Trinidad als Exot unter den Exoten, denn Naturwissenschaftler rechnen die Insel bereits zu Südamerika; Erdölvorkommen und eine kontinentale Tierwelt erinnern mehr an Venezuela als an karibische Nachbarn. Das Völkergemisch der Europäer, Chinesen, Afrikaner und Inder sorgt zudem für eine kosmopolitische Atmosphäre, wie man sie sonst nirgends in der Karibik verspürt. Alle ethnischen Unterschiede verfliegen ohnehin spätestens im weltberühmten Karneval – „The Greatest Show on Earth" –, einem kollektiven Rausch aus Farbe, Hitze und Calypso. Der moderate Rhythmus des Reggae gibt auf Tobago das Tempo vor. Auch der Bilderbuchstrände wegen eignet es sich hervorragend für einen erholsamen Badeurlaub.

Geschichte – Gesellschaft

Trinidad (span. „Dreifaltigkeit") wurde 1498 von Kolumbus für Spanien in Besitz genommen, geriet aber als abgelegener Außenposten des Imperiums fast in Vergessenheit. Später kolonisierten franz. Revolutionsflüchtlinge die Insel, 1802 lösten sie englische Besatzer ab und begründeten die territoriale Einheit mit Tobago. Reiche Erdölvorkommen bescherten Trinidad im 20. Jh. beachtlichen Wohlstand und führten in den 70er Jahren zu einer veritablen Boomphase *(the fête)*. Der so charismatische wie resolute Premier Eric Williams leitete die Unabhängigkeit (1962) ein, seit 1976 ist Trinidad & Tobago (T & T) eine Republik. Mit dem Verfall der Ölpreise stürzte der Staat in eine Krise, die Ende der 80er Jahre in sozialen Unruhen gipfelte. Das überwiegend von Schwarzen bewohnte, agrarisch geprägte Tobago besiedelten zuerst die Niederländer; danach wechselte es 31mal zwischen Spaniern, Franzosen, Engländern und Piraten hin und her. Der Tourismus macht bis heute nur 3 % des Bruttosozialproduktes aus.

Trinidad

*Port of Spain (400 000 Einw.), die Hauptstadt der Republik, ist das perfekte Abbild einer multikulturellen Gesellschaft. Zwei neugotische Kathedralen, Hindutempel, Moscheen, orientalische Basare und moderne Hochhäuser stehen wie selbstverständlich nebeneinander. Das Zentrum der agilen Großstadt bildet der * *Woodford Square,* wo im Stil der Londoner „Speaker's Corner" jedermann Reden schwingen darf. Offiziell politisiert wird dagegen an der Westseite des Platzes im * *Red House* (1906), dem Parlamentsgebäude. Viel Raum für Freizeit, Kricket- oder Fußballspiel bietet die weite Grünfläche der *Queen's Park Savannah.*

Seltsame Blüten trieb zur letzten Jahrhundertwende die Stilfreude kolonialer Baumeister an den * *Magnificent Seven* (westlich der Savannah): Der anglikanische Bischofssitz *Hayes Court* z. B. erstrahlt in französischem Empirestil, romanisch mochte es der katholische Oberhirte *(Archbishop's Palace),* venezianisch-pompös der Premierminister *(White Hall).* Wie eine Mischung aus schottischem Spukschloß und Disneyland wirkt *Stollmeyer's Castle,* das sich 1904 ein deutschstämmiger Plantagenbaron gestalten ließ. Den besten Rundblick, bei klarer Sicht bis zur Küste Venezuelas, gewährt * *Fort George* (1805) vom westlichen Stadtrand.

Die **Inselrundfahrt,** von Reisebüros als **Circle Island Tour** angeboten, dauert ca. 8 Std. und führt vorbei an Kokosplantagen, Lagunen, Palmenstränden und Ölraffinerien. Zu den Höhepunkten zählt der Bootsausflug im * **Caroni Bird**

Sanctuary, wo Tausende von Wasservögeln in Mangrovensümpfen nisten. Besonders eindrucksvoll ist das sich allabendlich wiederholende Schauspiel der einfliegenden Schwärme Roter Ibisse *(Scarlet Ibis)*, der Wappentiere Trinidads. Weiter südlich (28 km) breitet sich der *Asphaltsee (Pitch Lake) von La Brea aus. Der 46,5 ha große und 40 m tiefe Schlammkessel ist weltweit der größte seiner Art. In vorspanischer Zeit nutzten Arawak-Indianer das zähe Erdpech zum Abdichten ihrer Kanus, im 20. Jh. wurden 15 Mio. Tonnen für den Export abgebaut.

Seite 87

In den Regenwäldern der *Northern Range* leben noch vereinzelt Ozelots, Brüllaffen und Ameisenbären, und im *Asa Wright Nature Centre bei Arima hat man auch die Chance, sie zu beobachten (ⓗ u. Touren, ☎ 667-4655; Ⓢ). Die besten Badestrände an der Nordseite des Gebirgszuges heißen *Maracas Bay und *Las Cuevas Beach.

Eine Insel spielt verrückt

Sieben lange Tage und sieben noch längere Nächte dauert der *Carnival of Trinidad*, gegen dessen anarchisches Temperament sich eine rheinische Narrensitzung ungefähr so zügellos wie die Aktionärsversammlung einer Schweizer Großbank ausnimmt. Die Vorbereitungen zur verrücktesten Woche des karibischen Kalenders beginnen bereits Monate zuvor: Dutzende von Steelbands mit bis zu 120 Musikern feilen jeden Abend an ihren Karnevalshymnen, bis sie für den Wettbewerb zur *Band of the Year* als würdig erachtet werden. Die eigentlichen Stars sind jedoch die Sänger. In vollbesetzten *Calypso Tents* schütten sie mit improvisierten Couplets kübelweise Spott und Hohn über Publikum, Politiker und Mitbewerber aus. Nicht selten steigen die Bösesten und Jahresbesten zu Volkshelden auf, wie zum Beispiel der unverwüstliche Mighty Sparrow.

Der beißende Witz der *Calypsonians* hat Geschichte: Im 18. Jh. feierte die französische Pflanzerelite Karneval nach gesittetem europäischen Vorbild. Befreite Sklaven übernahmen später die Tradition, um sich hinter wilden Masken über die Arroganz der Weißen lustig zu machen. Trotz Tourismus und Kommerz – ohne Sponsoren aus Handel und Industrie käme das aufwendige Spektakel längst nicht mehr aus –, *Carnival* ist ein Volksfest geblieben. Besonders deutlich wird dies am *Jour Ouvert* (Rosenmontagmorgen), wenn in den Straßen der Hauptstadt Ausnahmezustand herrscht: Dann ist alles erlaubt, die tobende Menge wälzt sich in Schlamm und Schmieröl; provokante Tänze, Rausch und pure Sinnenfreude brechen sich Bahn. Nur eines haben das Rheinland und Trinidad in diesen Tagen gemein: Am Aschermittwoch ist alles vorbei ...

❶ 10–14 Philipps St., Port of Spain, ☎ 623-1932. Filiale am Flughafen.

🚆 **Piarco,** 26 km südöstl. Port of Spain (🚌, Taxis). USA, Europa, Karibik, Südamerika.

🚢 Tgl. Fähre nach Tobago.

🏨 **Hilton,** Port of Spain, ☎ 624-3211, 🖨 624-4485. Die beste Adresse, an der Queen's Park Savannah. $$$

Alicia's Guesthouse, 7 Coblentz Gardens, Port of Spain, ☎ 🖨 623-2802, 🖨 623-8560. Umgebaute Privatvilla in vornehmer Wohngegend. $

🏨 **Café Savanna,** Kapok Hotel, 16–18 Cotton Hill, St. Clair, Port of Spain, ☎ 622-6441. Kreolische Küche. $

Monsoon, Tragarete Rd., Port of Spain, ☎ 628-7684. Indische Gerichte. $

Karibische Buddenbrooks

Vidiadhar Surajprasad Naipaul, 1932 in Trinidad, geboren, gilt seit Jahren als Kandidat für den Literaturnobelpreis. In seinem Meisterwerk „Ein Haus für Mr. Biswas" (1961) erzählt Naipaul, Sohn eines Kontraktarbeiters aus Indien, die Geschichte des ewigen Außenseiters: Mr. Biswas wird „falsch herum" und mit sechs Fingern an einer Hand in das isolierte Milieu der indischen Einwanderer hineingeboren. Seine ärmliche Herkunft sowie Zwänge innerhalb der Hindu-Gesellschaft verstellen dem glücklosen Helden lange den Weg zum Lebensziel, dem Haus auf einem „eigenen Teil der Erde". Wegen des epischen Umfangs der Familiensaga und Naipauls Vorliebe für Thomas Mann verglichen manche Kritiker den Roman mit den „Buddenbrooks". Naipaul selbst, der heute in Südengland lebt, sieht seine Erzählung als „soziale Komödie". Bezeichnend dafür sind der liebevoll-menschliche, leicht ironische Tonfall sowie eine ebenso bildreiche wie präzise Sprache. „Ein Haus für Mr. Biswas" – eine lohnende Lektüre, nicht nur für den Strand.

Tobago

Immer haben Kreuzfahrtschiffe und die Fähre aus Trinidad die Hauptstadt **Scarborough** zum Ziel. Vom Hafen an der Rockly Bay zieht sich die *Main Street* steil eine Anhöhe hinauf. Der kleine, rechteckige *James Park,* flankiert vom früheren Parlamentsbau *(House of Assembly),* bildet den Kern des Ortes, in dem jeder noch jeden kennt. Auf dem höchsten Punkt thront *★Fort King George* (1779). Im früheren Garnisonsbau zeigt das gepflegte *★Tobago Museum* u. a. interessante Exponate aus der Kolonialzeit wie „Fracht"-Listen von Sklavenschiffen.

Das Touristenzentrum der Insel liegt im flachen, trockenen Süden an der Buccoo Bay. Ihr vorgelagert ist der geschützte, aber schon stark geschädigte Korallengarten des *★Buccoo Reef.* Noch ankern die Glasbodenboote nahe dem **★★Nylon Pool,** wo das kristallklare Meer über einer Sandbank türkisfarben schimmert. Niemand, der Tobago besucht, darf den 2 km langen Sandstrand am **★★Pigeon Point** auslassen. Das Palmenidyll (🏨, Kioske) ist in Privatbesitz, doch die Gebühr jeden Cent wert.

Perfekte Badeplätze umgeben auch das Städtchen **Plymouth** mit den Ruinen von *Fort James.* Südlich der Ortschaft, an der *Great Courland Bay,* ließen sich im 17. Jh. Siedler aus dem baltischen Kurland nieder. Die dortige *Turtle Beach* suchen von März bis August Meeresschildkröten zur Eiablage auf. Entlang der felsigen Südostküste führt die *Windward Road* in engen Kurven via Roxborough und Delaford (in der Nähe: *King's Bay Waterfalls)* ins hübsch gelegene *★Speyside.* Fischerbarken setzen dort zum Vogelschutzgebiet *★Little Tobago* über. *★Charlotteville,* das Fischerdorf im Nordosten, schmiegt sich in malerischen Terrassen an grüne Hügel und stellt Rekorde in karibischem Zeitlupentempo auf. Durch das Regenwaldschutzgebiet führt die Straße bis Parlatuvier und zur herrlichen *★Englishman's Bay.*

❶ IDC Mall, Scarborough,
☎ 639-4333. Filiale am Flughafen.
🛬 **Crown Point,** südwestl. Scarborough (🚌, Taxis). Karibik, Frankfurt.
⛴ Port of Spain, Trinidad.

🏨 **Bed & Breakfast Ass.,** ☎ 669-2577.
Arnos Vale Hotel, Plymouth,
☎ 639-2881, 📠 639-4629. Umgebautes Great House in stiller Lage. ⑤⟩⟩
Mount Irvine Bay, ☎ 639-8871,
📠 639-8800. Edle Anlage rund um alte Zuckermühle; Golfplatz. ⑤⟩⟩
Kariwak Village, Crown Point,
☎ 639-8442, 📠 639-8441. Hübsche Bungalows in üppigem Garten. ⑤⟩
Crown Point Beach, ☎ 639-8781,
📠 639-8731. Praktisches Urlaubsdomizil, beliebt bei Trinidadians. ⑤⟩
Richmond Great House, Belle Graden,
☎ 📠 660-4467. Luftige Zimmer in Plantagenhaus, Windward Road. ⑤⟩

🍴 **Old Donkey Cart House,** Bacolet Street, Scarborough, ☎ 639-3551.
Stimmungsvolles Kolonialhaus, kreolische Gerichte, europ. Weinkarte. ⑤⟩
Jemma's Seaview Kitchen, Speyside,
☎ 660-4066. Einheimische Küche serviert in einem Baumhaus. ⑤⟩

Tauchen: **Manta Lodge,** Speyside,
☎ 660-5268, 📠 660-5030.

Trinidad & Tobago

4828 km² / 300 km²,
1,3 Mio. / 50 000 Einw.;
Sprachen: Englisch, Spanisch, Hindi.
Währung: Trinidad & Tobago Dollar.
Wirtschaft: BSP 3940 US $.
Attraktionen und Sport:
Karneval, Natur (Trinidad). Ruhe, ideale Strände, Natur (Tobago).
✶✶ Tauchen und Schnorcheln (Tobago), **✶✶** Golf, **✶✶** Vogelbeobachtung.
❶ Am Schleifweg 16, 55128 Mainz,
☎ (0 61 31) 7 33 37, 📠 7 33 07.

... und noch ein Idyll:
Pigeon Point, Tobago

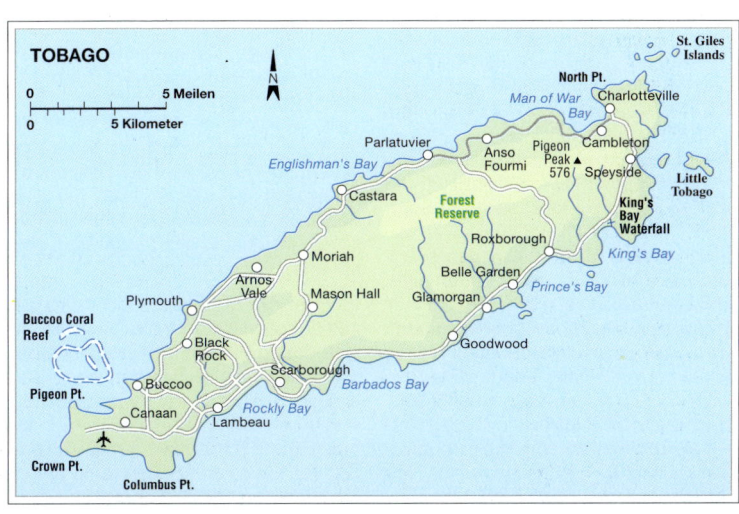

ABC-Inseln

Seite 91

Klein-Holland mit Sonnengarantie

Bunte Hausfassaden, gekrönt von schwungvollen Giebeldächern, zum Imbiß Edamerkäse und Amstel-Bier aus entsalztem Meerwasser: Viele alltägliche Details auf den ABC-Inseln Aruba, Bonaire und Curaçao belegen die noch immer enge Verbindung mit den fernen Niederlanden. An die Nordsee erinnern Klima und Strände freilich überhaupt nicht. In der ganzjährig trockenen Hitze 30 km vor der Küste Venezuelas glitzert schneeweißer Muschelsand, während das glasklare Meer Taucher und Badegäste gleichermaßen begeistert.

Geschichte – Gesellschaft

Die von den Arawak-Indianern bewohnten Inseln nahmen 1499 die Seefahrer Alonso de Ojeda und Amerigo Vespucci für Spanien in Besitz. 1636 gewannen die Niederländer die Oberhand, deren Statthalter Peter Stuyvesant später als erster Gouverneur von New York bekannt wurde. Eine tolerante Einwanderungspolitik zog bald Menschen aller Hautfarben und Religionen an, z. B. sephardische Juden sowie Moslems, Hindus und Christen aus aller Welt – und daher auch die Sprachenvielfalt. Die Niederländischen Antillen wurden 1954 unabhängige Territorien innerhalb des Königreichs, Aruba genießt seit 1986 weitgehende Autonomie. Der hohe Lebensstandard der Insulaner basiert nicht nur auf Subventionen des Mutterlandes. Die Erträge aus dem Bankgewerbe und der Raffinierung venezolanischen Rohöls tragen ebenfalls dazu bei. Immer bedeutsamer werden die Einnahmen aus Spielkasinos und Fremdenverkehr.

Aruba

Landschaftliche Reize können es kaum sein, die jährlich über eine halbe Million Besucher nach Aruba locken. Die Insel ist staubtrocken, von Kakteen, Dornenbüschen und windgepeitschten Divi-Divi-Bäumen bewachsen; ihr höchster „Berg" mißt keine 200 m. Die Tourismuswerbung bringt Arubas wahre Attraktionen auf den Punkt: *Sun, Fun and Sea* – Sonne, Spaß und Strand.

Die Hauptstadt ***Oranjestad** wurde im niederländisch-spanischen Kolonialstil erbaut und wirkt heute stellenweise wie ein Freilufteinkaufszentrum in Nostalgielook. Sehenswert sind *Fort Zoutman* (1796, Historisches Museum), der *Leuchtturm Wilhelm III* (1867) sowie die reformierte Kirche von 1865. Am *Schonerhafen* veranstalten venezolanische Gemüsehändler wochentags einen „schwimmenden Markt".

Nordwestlich von Oranjestad beginnt die Touristenmeile an den bis zu 150 m breiten, strahlend weißen Sandstränden ***Eagle Beach** und ****Palm Beach.** Zwischen den Palmen landeinwärts stehen Hochhaushotels mit glamourösen Ferienlandschaften und Heerscharen einarmiger Banditen in vollklimatisierten Hallen. Die holländische Windmühle – **Old Mill** – nahe dem Strand ist zwar ein Originalbau aus dem Jahr 1804, wurde aber erst 1961 als Blickfang nach Aruba verpflanzt. Vorbei am beliebten Windsurfer-Treff **Fisherman's Hut** reicht die Küstenstraße hin zum neuen 18-Loch-Golfplatz *Tierra del Sol* (☎ 82 46 93) und den *California Dunes* am stürmischen Nordwestkap.

Etwa in der Inselmitte erhebt sich der 167 m hohe **Hooiberg** („Heuberg"). Unweit davon türmen sich bei ***Ayó** tonnenschwere runde Felsblöcke mit arawakischen Steingravierungen. Ein hübsches Fotomotiv an der Nordostküste bietet die ***Natuurlijke Brug (Natural Bridge)**, eine von der Brandung in den Korallenfels gemeißelte Naturbrücke.

ABC-Inseln

Aruba: 193 km², 67 000 Einw.;
Währung: Aruba Florin (Afl.).
Attraktionen: Herrliche Strände,
ausgezeichnete Hotels.
Sport und Unterhaltung:
*** Windsurfen, *** Baden, ** Tauchen und Schnorcheln, ** Fischen,
** Nachtleben, * Golf, * Reiten.
❶ Postfach 12 04, 64333 Seeheim,
☏ (0 62 57) 96 29 21, 🖷 96 29 19.

Curaçao: 444 km², 173 000 Einw.;
Währung: Netherlands Antilles Guilder.
Attraktionen: Holländ. Kolonialarchitektur, kosmopolitische Atmosphäre.
Sport und Unterhaltung: ** Tauchen und Schnorcheln, ** Einkaufen,
** Nachtleben, * Fischen, * Golf.
❶ Arnulfstr. 44, 80335 München,
☏ (0 89) 59 84 90, 🖷 59 23 91.

Bonaire: 288 km², 11 500 Einw.;
Währung: Netherlands Antilles Guilder.
Attraktionen und Sport:
Submariner Nationalpark, Flamingo-Reservat, erholsame Ruhe. *** Tauchen und Schnorcheln, * Baden.
❶ **Dutch Caribbean Travel Center,**
Karlstr. 12, 60329 Frankfurt/M.,
☏ (0 69) 2 40 01 83, 🖷 24 27 15 21.
Auf den drei Inseln wird Papiamento,
Niederländisch, Spanisch und Englisch gesprochen.

Seite 91

❶ L. G. Smith Blvd., Oranjestad,
☏ 823 777, 🖷 834 702.
✈ **Reina Beatrix International,** 5 km
östl. Oranjestad (Taxis). Europa, USA,
Venezuela, Karibik.

Ⓗ **Hyatt Regency,** Palm Beach,
☏ 861 234, 🖷 865 478. Luxus in
künstlicher Fantasy-Kulisse. Ⓢ)))
Bucuti Beach, Eagle Beach,
☏ 836 141, 🖷 825 272, in Deutschland unter ☏ (02 11) 94 02 73,
🖷 4 08 93 01. Beliebtes Strandhotel,
gutes Restaurant in „Schiffswrack". Ⓢ
Amsterdam Manor, Eagle Beach, ☏
871 492, 🖷 871 463. Kleineres Haus
im holländischen Neokolonialstil. Ⓢ
Ⓡ **Papiamento,** Washington 61, Oranjestad, ☏ 864 544. Inselküche. Ⓢ
Mi Cushina, J. Irausquin Blvd. 228,
☏ 845 871. Inselküche, Leguan,
Ziege u. a. Ⓢ
Abends: Kasinos und Nachtklubs in
allen größeren Hotels. Diskos: **Cobalt
Club,** Royal Mall. **Indian Rock,** Hooiberg 11, beliebt bei Einheimischen.

Tip: U-Boot-Ausflug mit **Atlantis
Submarine,** ☏ 836 090.
Windsurfen: **Windsurf Village,**
Malmok, ☏ 862 527, 🖷 861 870. Ausrüstung, Unterkunft (Ⓢ), viele Fans.

*Glasbodenboot vor
Arubas Küste*

Von Huis zu Huis

Landhuis – so nennt sich die niederländische Variante des Plantagenhauses. Etwa 85 solcher Bauten des 18./19. Jhs. sind auf Curaçao erhalten: Im ＊**Landhuis Chobolobo** (☏ 4 61 69 46), am Schottegat, wird der teils gefärbte Curaçao-Likör aus den Schalen von Bitterorangen gebrannt. ＊**Brievengat** (☏ 7 37 83 44) ist bekannt für seine Dinnershows freitags, ＊**Jan Kock** (☏ 8 64 80 87) für sein Restaurant und den Weinkeller. Ein besonders hübsch renoviertes Landhuis wurde kürzlich als Taucher-Herberge wiedereröffnet: ＊**Landhuis Daniel,** ☏ 8 64 96 88. Voranmeldung immer empfohlen.

Seite 93

Curaçao

＊＊**Willemstad** (150 000 Einw.), die blitzsaubere Inselhauptstadt, erstreckt sich beiderseits des Meeresarms *Sint Annabaai,* der sich in die geschützte Hafenbucht *Schottegat* (Raffinerien, Kreuzfahrtpier) öffnet. Geschlossene Reihen bunter Giebelhäuser erinnern an beiden Ufern stark an Alt-Amsterdam. Eines der Wahrzeichen Curaçaos ist der sonnengelb verputzte ＊＊*Penha-Block* unweit der Fußgängerbrücke.

In Punda formen Händler aus Venezuela mit Lastkähnen einen ＊„schwimmenden Markt", um ihre Waren – Fisch, Gemüse, Obst – direkt vom Schiffsdeck aus anzubieten. ＊*Fort Amsterdam* ist das älteste Bauwerk der Stadt (heute Regierungssitz). Als eines der ersten jüdischen Bethäuser der Neuen Welt wurde die ＊*Mikvé-Israel-Emanuel-Synagoge* 1732 errichtet.

Östlich der Hauptstadt wurde die Küste zwischen Princess Beach Hotel und Oostpunt als ＊**Curaçao Underwater Park** unter Schutz gestellt. Schnorchel- und Tauchtrips veranstalten die meisten Hotels. Nichttauchern ermöglicht

das ＊**Seaquarium** eine bequeme Perspektive der faszinierenden unterseeischen Wunderwelten. An Land widmet sich der ＊**Christoffel National Park** dem Erhalt inseltypischer Flora und Fauna. Mehr als 100 Vogelarten nisten auf dem 18 km² großen, savannenartigen Terrain im Norden. Zum gefahrlosen Baden eignen sich die kleinen Strandbuchten (teilweise gebührenpflichtig) im Windschatten der Südküste, z. B. **Playa Jeremi** oder **Jan Thiel Baai.**

❶ Pietermaai 19, Willemstad, ☏ 4 61 60 00, 🖷 4 61 23 05.
✈ **Hato Intl.,** 12 km von Willemstad (🚐, Taxis). USA, Europa, Karibik.

🏨 **Princess Beach,** M. L. King Blvd. 8, ☏ 7 36 78 88, 🖷 4 61 41 31. Frisch renoviertes Strandresort, viel Sport. ⑤⟩⟩
Lion's Dive, Bapor Kibra, ☏ 4 61 81 00, 🖷 4 65 78 26. Freundliche Mittelklasse, eigene Tauchbasis. ⑤⟩
Avila Beach, Penstraat 130, ☏ 4 61 43 77, 🖷 4 61 14 93. In altem Gouverneurspalast. ⑤⟩
🏦 **Bistro Le Clochard,** Riffort, ☏ 4 62 66 66. Edel. ⑤⟩⟩
Golden Star, Socratesstraat 2, ☏ 4 65 47 95. Bodenständige Küche. ⑤
Abends: Kasinos in den Hotels, Kneipen in Willemstad, z. B. **Tap maar in,** Sta. Rosaweg 27, ☏ 7 37 73 44; **Paradiso Bar,** Colón Mall, ☏ 4 62 62 66. Disko: **Façade,** Lindberghweg 32. Live-Musik: **Calypso Bar,** Pietermaai 25, und **Mambo Beach Club.**

Bonaire

Die größte Attraktion des kleinen Eilandes verbirgt sich unter der Meeresoberfläche: Der ＊＊**Bonaire Marine Park** (s. S. 25) gilt zu Recht als eines der vielseitigsten Tauchreviere der Welt. Die gesamten Küstengewässer und das unbewohnte *Klein-Bonaire* stehen unter Naturschutz. Harpunenfischen, Abbrechen von Korallen sowie wildes Ankern sind strikt verboten. Im Hauptort **Kralendijk** (niederländ.: „Korallenriff"; 1500 Einw.) sind das kleine *Fort Oranje* und der Fischmarkt die wesentlichen

Besuchspunkte. Südlich der Siedlung breiten sich die *Solar Salt Works aus, große Salinen mit Sklavenhäuschen aus dem 19. Jh. Die Lagunen im Süden bewohnen Tausende rosafarbener Flamingos, zu deren Schutz das *Flamingo Sanctuary eingerichtet wurde. Wasservögel lassen sich auch – am besten frühmorgens – im *Washington Slagbaai National Park beobachten.

ℹ Kaya Simón Bolívar 12, Kralendijk, ☎ 78322, 🖷 78408.
✈ **Flamingo International,** 6 km südl. Kralendijk (Taxis).

🏠 **Harbour Village,** Kralendijk, ☎ 77500, 🖷 77507. Direkt am schönsten Strand, Wassersportzentrum. Ⓢ⟩⟩
Captain Don's Habitat, Kralendijk, ☎ 78290, 🖷 78240. Tauchertreffpunkt mit allen Schikanen. Ⓢ⟩

„Klein-Amsterdam", Willemstad

Im Bonaire Marine Park

CURAÇAO

0   5 Meilen
0   5 Kilometer

N

Noordpunt

Sabana
Westpunt
▲ St. Christoffelberg
372
St. Christoffelberg
Nat. Park
Dorp Lagun
Barber
Soto
Boca Ascención
Landhuis
Ascensión
Bocht
Van Hato
St. Willibrordus Jan Kock
Porto
Maribaai
Bullen-
Kaap *baai*
Sint Marie
Julianadorp
Landhuis
Brievengat
Santa
Emmastad Caterina
Schottegat
Willemstad *Spanse*
Seaquarium *Water*
Caracasbaai
Curaçao
Underwater New Port
Park

BONAIRE

0   5 Meilen
0   5 Kilometer

North Point
Washington
Slagbaai
Nat. Park
Lagun
Goto
Rincon
Dorp Noor'
Salina
Dorp Antriol
Klein Kralendijk
Bonaire
Lac
Bay
Salt
Works
N
Lacre Punt

KARIBISCHES
MEER

Sint Jorisbaai

Oost-
punt

Praktische Hinweise von A–Z

Diplomatische Vertretungen

B: Botschaft, **GK:** Generalkonsulat, **HK:** Honorarkonsulat.

Deutschland: **B:** 10 Waterloo Road, Kingston 10, Jamaika, ☎ 926 67 28, 🖷 929 82 82. **B:** 7–9 Marli Street, Port of Spain, Trinidad, ☎ 628 16 30, 🖷 628 52 78. **HK** in Antigua, Aruba, Barbados, Curaçao, Guadeloupe, Martinique, Puerto Rico, St. Lucia, St. Vincent.
Österreich: Übergeordnete Vertretung für den karibischen Raum: **B:** Av. La Estancia, Edif. Torre las Mercedes, Caracas, Venezuela, ☎ (0058-2) 91 38 63, 🖷 92 95 08. **HK** in Barbados, Jamaika, Puerto Rico, Trinidad.
Schweiz: Für die karibischen Inseln zuständig: **B:** Av. Fco. de Miranda, Edif. Torre Europa, Campo Alegre, Caracas, Venezuela, ☎ (0058-2) 951 40 64, 🖷 951 48 16. **HK** in Jamaika, Puerto Rico, **GK** in Trinidad.

Einreise – Ausreise

Für französische und niederländische Gebiete benötigen EU-Bürger nur den Personalausweis. Überall sonst müssen der mindestens noch sechs Monate gültige Reisepaß sowie ein Weiterflugticket vorgelegt werden. Auf Flügen werden bereits an Bord Einreiseformulare verteilt, deren Durchschlag bis zur Ausreise aufzubewahren ist. Bis 72 Std. zuvor sollte man die Reservierung des Heimfluges rückbestätigen lassen.

Elektrizität

In der Karibik kommen sämtliche Netzspannungen zwischen 110 V und 230 V Wechselstrom vor. Auch die Stromfrequenz schwankt von Insel zu Insel. Hotels gehobener Kategorie haben i. allg. Adapter.

Fotografieren

Speziell schwarze Antillianer reagieren auf fotowütige Touristen häufig unwirsch bis aggressiv. Um Streit zu vermeiden, sollte man Personen prinzipiell um Erlaubnis bitten. – Diafilme sind nicht überall problemlos erhältlich.

Geld und Währung

US $ in bar oder als Reiseschecks (möglichst kleinere Einheiten!) werden überall gerne angenommen, auf den französischen Inseln auch Francs bzw. auch die ec-Karte. Die jeweilige Landeswährung (s. „Inselsteckbriefe") sollte erst vor Ort in Banken getauscht werden. Kreditkarten haben weite Akzeptanz.

Gesundheit

Um Magen- und Darmproblemen vorzubeugen, meidet man am besten Leitungswasser und ungewaschenes Obst. Viele Ärzte empfehlen eine Hepatitis-A-Vorsorge. Die Intensität der Sonne darf nicht unterschätzt werden; auch bei bewölktem Himmel ist Sonnenschutz Pflicht. AIDS ist auf allen Inseln verbreitet. Englisch- oder deutschsprachige Ärzte können Hotelrezeptionen und die großen Fluglinien vermitteln. Sandflöhe und Moskitos können lästig fallen, gegen letztere hilft eine Einreibung mit Gin (äußerlich, nicht für Kinder!) oder Hautöl mit Citronella. Schaben kommen sogar in guten Hotels vor, beißen aber nicht. Giftige Schlangen oder Spinnen sind nur auf wenigen Inseln heimisch; i. allg. stellen die scheuen Tiere für Menschen kein Risiko dar.

Information

Adressen in Europa siehe „Inselsteckbriefe". Verkehrsämter legen oft kostenlose *Gästezeitungen* mit aktuellen Veranstaltungstips in Hotels aus. Über das Kulturgeschehen informieren auch Tagespresse und örtliche Radiosender.

Kleidung

In Hotels gehobener Klasse und auf Kreuzfahrtschiffen wird zum Abendessen gepflegte Kleidung erwartet, bei Männern aber nur selten eine Krawatte. Badetextilien sind im Stadtbild tabu, ebenso „nackte Tatsachen" am Strand (Ausnahme: FKK-Strände der Franz. Antillen). Für Bergregionen und klimatisierte Räume sollte man einen Pullover oder eine leichte Jacke einpacken. Feste Schuhe und Regenschutz gehören zur Ausrüstung bei Wanderungen.

Post

Luftpostbriefe und -postkarten nach Europa sind zwischen 4 und 14 Tagen unterwegs. Über das Porto informieren Postämter und Hotels.

Sicherheit

Vernünftiges Verhalten vorausgesetzt, kann die Karibik allgemein als sichere Reiseregion gelten. Vorsicht ist in Großstädten wie Kingston oder San Juan angebracht. Die Inselpolizei, Touristen gegenüber stets hilfsbereit, drückt jedoch bei Drogenbesitz oder -konsum garantiert kein Auge zu!

Souvenirs

Mitbringsel sind z. B. Korbwaren, Batiktextilien, Modeschmuck oder Tierfiguren aus Leichtholz. In Jamaika und Puerto Rico lohnt sich der Kauf einheimischer Kaffeesorten, auf Grenada von Gewürzen. CDs/Kassetten mit Reggae-, Salsa- oder Calypsorhythmen werden in Andenkenläden oder Fachgeschäften angeboten, sind aber teils sehr teuer. Der hervorragende Rum Westindiens hält in puncto Qualität und Aroma Vergleichen mit bestem Kognak stand.

Nach dem *Washingtoner Artenschutzabkommen* ist der Handel sowie in fast allen Ländern die Einfuhr von Schildpatt, Schwarzer Koralle und von Fechterschnecken (engl. *conch*) sowie von Produkten daraus verboten.

Telefon

Das Netz der meisten Inseln funktioniert ausgezeichnet. Von vielen öffentlichen Apparaten sind direkte Überseegespräche mit Magnetkarten möglich. Auf den Kleinen Antillen erteilen die Filialen der überregionalen Telefongesellschaft *Cable & Wireless* Auskünfte zu den Gebühren. Vom Hotelzimmer aus sind Gespräche teuer; manchmal werden schon bei längerem Klingeln Gebühren fällig; an der Rezeption fragen! *Vorwahlen:* Deutschland 0 11–49, Österreich 0 11–43, Schweiz 0 11–41; teilweise statt 0 11 auch 00.

Trinkgeld

Viele Serviceangestellte leben in der Karibik von Trinkgeldern. Restaurants und Hotels addieren meist automatisch 10–15 % als Bedienungsgeld zum Rechnungsbetrag. Es ist üblich, weitere 5 % als *tip* zu geben. Kofferträger und Zimmermädchen erhalten etwa 1 US $ pro Gepäckstück bzw. pro Zimmer und Nacht. Taxitarife rundet man bei Zufriedenheit auf.

Versicherungen

Der Abschluß eines Auslandskrankenschutzes ist unverzichtbar. Arztrechnungen müssen bar beglichen werden, die Versicherungen erstatten die Kosten zu Hause gegen Vorlage der Quittungen. Wer mit Wertsachen reist, sollte eine Gepäckversicherung erwägen.

Zeit

Der Zeitunterschied zur MEZ beträgt auf den beschriebenen Inseln im Winter minus 5, während mitteleuropäischer Sommerzeit minus 6 Stunden.

Zoll

Karibische Zollämter gestatten die Einfuhr von Gegenständen des persönlichen Gebrauchs ohne Beschränkung sowie von 200 Zigaretten und 0,7 l Spirituosen. Über die unterschiedlichen Bestimmungen in Europa informieren die zuständigen Behörden.

Register

ABC-Inseln 8, 21, 90 ff.
Anegada 50
Anguilla 52
Antigua 20, 60 ff.
Antigua Sailing Week 20, 24
Architektur 18
Arecibo 45
Aruba 15, 20, 90 f.
Asphaltsee (Trinidad) 87

Bamboo Avenue 34
Barbados 16, 20, 21, 80 ff.
Barbuda 60 ff.
Basse-Terre (Guad.) 65
Basseterre (St. Kitts) 57
Bequia 77
Blue Hole 32
Blue Mountains 36 f.
Boiling Lake 71
Bonaire 91, 92 f.
Bonaire Marine Park 25, 92
Bridgetown 80 ff.
Brimstone Hill Fortress 57
British Virgin Islands 50 f.
Buccoo Reef 88

Caguana 45
Calypso 18, 87
Carib Territory 71, 73
Caroni Bird Sanctuary 86
Carriacou 80
Castries 72
Charlotte Amalie 46
Christiansted 48
Cockpit Country 30
Concord Falls 78
Coral World 46
Curaçao 16, 91, 92

Dickenson Bay 61
Discovery Bay 30
Dominica 12, 15, 16, 20, 21, 70 ff.
Dunn's River Falls 30, 33

Eagle Beach 90
El Yunque 43
English Harbour 62

Flamingo Sanctuary 93
Fort-de-France 67
Frederiksted 48
Frenchman's Cove 32

Gouyave 78
Grand Anse Bay 78
Grenada 14, 17, 20, 77, 78 ff.
Grenadines 75, 77 f., 80
Guadeloupe 14, 16, 20, 22, 64 ff., 67
Gustavia 55

Haiti 17
Harrison's Cave 84
Hurrikane 9

Îles Les Saintes 66

Jamaika 15, 16, 20, 22, 28 ff.
Jost van Dyke 50

Karneval 87
Kingston 34 ff.
Kingstown 76
Korallenriffe 10
Kralendijk 92

La Désirade 66
Leeward Islands 8, 24, 52 ff.
Literatur 18
Little Tobago 88
Luquillo Beach 43, 45

Malerei 18
Mandeville 34
Maracas Bay 87
Marie Galante 66
Marigot 54
Martinique 16, 20, 22, 64, 67 ff.
Mayagüez 44
Mesopotamia Valley 76
Montego Bay 28 ff.
Montserrat 20, 59
Musik 18
Mustique 79

Negril 32
Nelson Museum 58
Nevis 15, 20, 56 ff.

Ocho Rios 30
Oranjestad (St. Eust) 56, (Ar) 90

Palm Beach 90
Philipsburg 53 f.
Pigeon Point 88
Pitons 74
Platinum Coast 82
Pointe-à-Pitre 64
Ponce 44
Port Antonio 32
Port of Spain 86
Port Royal 17, 28, 36
Puerto Rico 15, 16, 20, 22, 25, 38 ff.

Rastafari-Bewegung 12, 37
Reggae 19
Río Camuy Cave Park 45
Rio Grande River Rafting 32
Rose Hall Great House 30
Roseau 70
Route de la Traversée 66
Rum 14, 21
Runaway Bay 30, 61
Ruta Panorámica 44

Saba 25, 56
Saint-Barthélemy 14, 55
St. Croix 48
St. George's 78
St. John 48 f.
St. John's 60
St. Kitts 15, 16, 20, 57 f.
Saint Lucia 20, 72 ff.
St-Martin 14, 20, 53 ff.
St. Nicholas Abbey 84
St-Pierre 68
St. Thomas 16, 46 f.
St. Vincent 12, 20, 75 f.
Ste-Anne 64
Salsa 19
San Juan 38 ff.
Santería 12
Shirley Heights 62
Shoal Bay 52
Sint Eustatius 25, 56
Sint Maarten 53 ff.
Sklaverei 17
Soufrière 74
Spanish Town 34
Sprache 12, 13
Sunbury Plantation House 82

Tanz 18
The Baths 51
Tobago 86, 88 f.
Tortola 50
Trafalgar Falls 70
Trinidad 15, 20, 22, 86 ff., 89
Trois Rivières 65

Union Island 77
US Virgin Islands 20, 46 ff.

Vieux Fort 74
Virgin Gorda 51
Virgin Islands 16, 17, 25, 46 ff.
Volkskunst 18
Voodoo 12

Welchman Hall Gully 84
Windward Islands 8, 70 ff.

Ys-Falls 33

Bildnachweis

Alle Fotos Gertraud M. Trox außer Reiner Ertl: 7/3, 9/2, 15/2, 29/2, 31/2, 33/1, 35/1, 79/2. Andreas M. Gross: 21/1. Bernd Helms: 27/1. Gerold Jung: 6, 21/2, 23/3, 47/1+2, 57/1, 59/1, 65, 67/2, 69, 77, 87, 89, 91, 93/1+2. Robert Möginger: 49/2, 79/1, 81/1+2, 85. Martin Rosefeldt: 7/2, 9/1, 11, 13, 15/1, 17, 27/2, 29/1, 41, 45/2, 55/1, 61/1, 63/1, 71/1+2, 73, 75. Süddeutscher Bilderdienst: 19/1. Umschlag: Tony Stone Bilderwelten/Bob Krist.